KB128545

한 권으로 끝내는

국제 교류 수업

한 권으로 끝내는 국제교류 수업

수업 계획과 구성부터 해외현장체험학습까지!

초 판 1쇄 2024년 04월 23일

지은이 강민희, 김민준, 이창근
펴낸이 류종렬

펴낸곳 미다스북스
본부장 임종익
편집장 이다경
책임진행 김가영, 윤가희, 이예나, 안채원, 김요섭, 임인영

등록 2001년 3월 21일 제2001-000040호
주소 서울시 마포구 양화로 133 서교타워 711호
전화 02) 322-7802~3
팩스 02) 6007-1845
블로그 http://blog.naver.com/midasbooks
전자주소 midasbooks@hanmail.net
페이스북 https://www.facebook.com/midasbooks425
인스타그램 https://www.instagram/midasbooks

ISBN 979-11-6910-611-5 03370

값 18,500원

미다스북스는 다음세대에게 필요한 지혜와 교양을 생각합니다.

수업 계획과 구성부터 해외현장체험학습까지!

한 권으로 끝내는 국제 교류 수업

강민희 · 김민준 · 이창근 지음

미다스북스

추천사

국제교류 수업을 희망하시는 분들에게 아주 특별하고 유용한 책입니다!

교실 내에서도 가르치기가 쉽지 않은데 교실 밖을 넘어 세계를 교육의 장으로 활용하는 국제교류수업은 준비하고 고려해야 할 것들이 정말 많습니다. 저자들은 알콥(ALCoB: APEC Learning Community Builders) 전북 교사로 국제교류수업 등 다양한 활동을 하면서 축적한 풍부한 경험과 사례를 바탕으로 국제교류수업을 처음 시작하는 선생님들의 눈높이에서 자세하게 풀어나감으로써 효과적이고 효율적인 국제교류를 진행할 수 있도록 하였습니다.

이뿐만 아니라 국제교류수업의 교육적 가치와 의미까지도 함께 생각해 볼 수 있는 보기드문 국제교육교류 가이드라인의 마스터라 생각됩니다. 이 책을 따라 실행하다 보면 국제교육교류가 어렵지 않고 어느덧 한 차원 높은 국제교육협력 전문가가 되어 있음을 발견하게 될 것입니다!

– 차중찬(APEC국제교육협력원 원장(대행))

추천사

우리는 하나의 네트워크로 연결된 세계화 시대에 살고 있습니다. 우리는 세계의 수많은 또 다른 우리와 연계되어서 있어서 필연적으로 네트워크 세계 속에서 국제교류를 하며 살고 있습니다. 미래 세대인 학생들은 네트워크 세계 속에서 서로 조화를 이루며 살아가는 역량을 갖추어야 합니다. 이 책은 교사들이 국제교류를 통하여 학생들의 글로벌 역량을 길러줄 지혜와 방법을 담고 있습니다.

– 이경한(한국국제이해교육학회 회장, 전주교육대학교 교수)

이 책은 국제 무대에서의 역할과 글로벌 과제들을 담당할 인재의 필요성을 강조하며, 국제교류의 방향과 최근 동향에 대해 심도 있는 통찰을 제공합니다.

독자들은 이 책을 통해 국제적 소통과 협력의 중요성을 인식하고, 국제교류 수업 프로젝트와 관련한 지식과 운영 전략을 습득할 수 있을 것입니다.

– 심재국(전북특별자치도교육청 미래교육연구원 연구사)

추천사

국제 교류 수업 프로젝트에 참여하면서 지식, 문화, 기술, 우정 등 많은 경험을 쌓을 수 있었고, 글로벌 시민이라는 것을 깨닫게 되어 정말 행운이라고 생각합니다.

앞으로도 이 활동을 통해 인도네시아와 대한민국의 관계가 더욱 발전할 수 있기를 바랍니다. 이 책에는 국제교류 수업 프로젝트의 시작과 운영 방법이 잘 설명되어 있습니다. 자, 세상을 연결해봅시다!

(Being part of international exchange classes project we feel so fortunate, a lot of experience gained in this activity such as knowledge, culture, technology, friendship and of course we were getting realized that we are global citizen.

We hope this activity will continue further improve relationship between Indonesia and Republic Of Korea. This book is very clearly explained how start and runs international exchange classes project. Come on, Let's get our world connected!)

– Rita Suryani(SDN Ujung Menteng 01 Pagi, Jakarta 교사)

차례

차례

차례

국제교류의 시작, 무엇부터 할까?

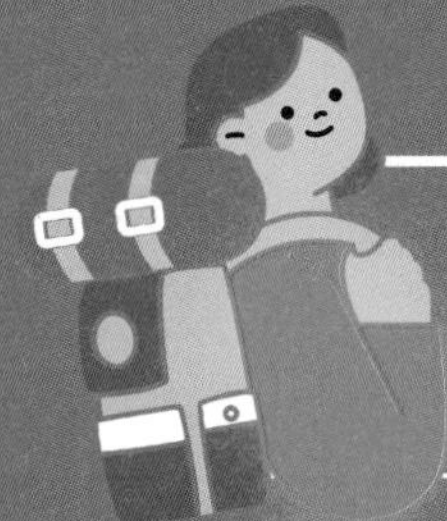

교류학교 찾기부터
국제교류위원회 조직까지

1

–

국제교류 수업의 첫 관문, 내 짝은 어디에 있나?

국제교류의 시작은 매칭 학교를 찾는 것입니다. 처음 국제교류 수업 활동을 준비하는 선생님들이 가장 막막하게 생각하는 단계이기도 합니다. 제가 답답했던 부분 중에 하나는 교류 매칭을 맺기 위해 메일을 주고받을 때에 언제 다음 답장이 올지 몰라 무작정 기다렸던 기억입니다. 그래서 교류학교를 찾을 때에는 일정이 여유로운 상황에서 시도하는 것을 권해드립니다. 교류학교를 찾을 수 있는 사이트 목록의 예시는 다음과 같습니다.

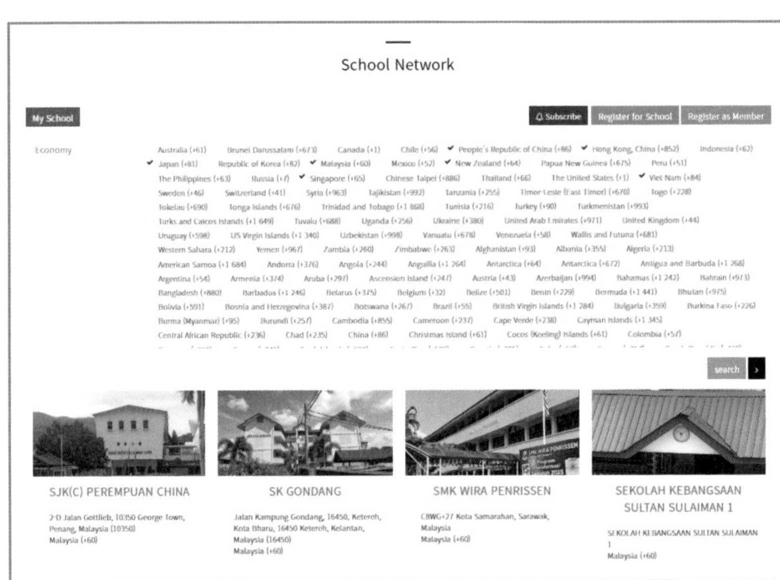

이즈넷 사이트 화면. 교류를 희망하는 학교들을 검색해볼 수 있다.

그 외 국제교류 대상 학교를 찾을 수 있는 사이트 목록 예시

- Isnet4edu
- UNESCO Associated Schools Network
- Empatico
- British Council
- Flip Group for Educators
- Mystery Skype
- PenPal School

여러 매칭 사이트에서는 우리 학교 소개를 올리게 되어 있습니다. 먼저 학교가 위치한 지역에 관한 소개를 자세히 기록합니다. 예를 들어 전주시라면 '우리 학교가 위치한 전주시는 한국의 전통의 멋을 대표하는 도시이고, 미식으로 유명한 고장이다.'와 같은 소개 문장을 쓸 수 있습니다. 그리고 우리 학교의 학급과 학생 수, 학교 전경 사진, 학교의 교육활동을 대표하는 사진들을 올립니다. 마지막으로 여러분이 학교 국제교류를 통해 해보고 싶은 수업이나 활동을 소개하면 더 좋습니다.

학교 소개 자료를 등록한 뒤에는 교류활동을 제안하고 싶은 국가와 학교를 정합니다.

여러 국가 중에서 교류 대상국을 선정할 때에는 나의 학생집단을 먼저 고려하면 좋습니다. 내가 수업을 운영하는 집단 학생들이 외국어 수준이 높지 않다면 비영어권 국가와 교류하는 것이 좋습니다. 비영어권 교류 대상국의 학생들 역시 외국어로써 영어를 사용하기 때문에 한국 학생들의 자신감이 떨어져 의기소침해지는 일을 막을 수 있습니다.

반면 내가 수업을 운영하는 집단 학생들의 영어 실력이 우수하고 프로젝트 학습 능력도 뛰어나다면, 영어권 국가의 학생들 또는 비영어권 국가의 외국어 능력 우수 집단 학생들과 교류하면 좋은 성과를 기대할 수 있습니다.

우리나라 문화에 관심이 높은 국가, 그래서 한국의 학교와 국제교류를 적극적으로 하고 싶어 하는 국가의 학교를 선정하는 것도 좋은 선택입니다. 학교 매칭 활동을 시도해보면 교류메일에 적극적인 반응이 부족한 국가나 학교를 만나기도 합니다. 특정 학교들과 e메일 소통을 할 때 '이 학교는 아쉬울 것이 없구나.'라고 느끼는 순간이 있다고 말하는 선생님들이 있습니다. 국제교류 활동 참여자의 적극성은 정말 중요한 요소입니다.

마지막으로 교류 대상국의 신학기 시기를 고려하는 것도 중요합니다. 우리나라는 3월에 신학기가 시작되지만, 대부분의 나라는 우리와 많이 다릅니다. 보통 우리는 3월이나 4월에 국제교류 메일을 보내면서 당장 5월이나 6월부터 교류수업을 시작하자고 제안하곤 합니다. 하지만 이 상황을 우리가 상대방의 입장에서 생각해보면 겨울방학이 멀지 않은 11월이나 12월에 국제교류 수업을 제안 받은 상황일 수도 있습니다. 그래서 새 학년 개학 시기가 다른 국가와 교류하는 것은 두 가지 방법이 있습니다.

1안) 전년도에 미리 교류 대상 학교를 정해두고, 신학년이 시작되면 바로 교류 수업을 시작하기
2안) 4월 또는 5월까지 교류 대상 학교를 정하고, 여름 방학이 지나서 교류 수업을 시작하기

1안은 빠르게 교류 수업을 시작할 수 있으니, 나중에 마무리 활동까지 넉넉한 시간을 가질 수 있다는 장점이 있습니다. 2안은 첫 교류 수업의

시기가 늦지만, 사전 교사 미팅을 가진 후에 공동으로 정한 프로젝트 활동들을 1학기 중에는 미리 준비해두었다가 2학기에 각자 준비한 결과물들을 공유하는 시간을 바로 가지면 됩니다. 두 경우의 장단점과 교류학교의 상황을 잘 살피어 좋은 방법을 선택하기 바랍니다.

2

똑똑, 저와 함께 국제교류 하실래요?

국제 교류 수업을 진행하고자 하는 국가를 정했다면, 해당 국가 학교에 교류 수업 요청 메일을 보내야 합니다. 여기서부터는 인내심과의 싸움입니다. 여러 학교와 쉽게 매칭이 될 수도 있지만, 반대로 아무리 찾아보아도 쉽지 않은 경우도 있습니다. 메일을 주고받는 일이 시작되어도 다음 답장이 한참 뒤에 오는 경우 마음이 조급해지기도 합니다.

경험이 많은 선생님들의 이야기를 들어보면 교류 수업을 이어가던 중에 상대 학교의 적극성이 사라져서 어려움을 겪은 사례도 종종 있습니다. 만일을 위한 보험이라 생각하고 두 개 이상의 학교와 매칭을 준비하기 바랍니다.

교류 수업을 요청하는 메일은 어떻게 보내야 할까요? 편안하게 편지글 형식으로 제안하는 메일을 보내고 답장을 주고받으면서 진행할 수도 있습니다. 어떻게든 교류 연결할 수 있겠지만 더 바람직한 방법은 무엇일까요? 보통 국제 교류 수업을 담당하거나 관심 있는 상대국 교사가 여러분의 메일을 받을 겁니다. 그리고 근무 중인 학교장과 상의를 마친 후에 메일 답변을 줄 텐데요. 그렇다면 가장 좋은 메일은 학교장과 상의하기에 좋게 정돈된 양식과 가독성이 좋은 제안서 형태로 메일을 보내주면 어떨까요?

제가 처음 썼던 국제교류 수업 제안 메일을 지금 다시 돌아보면 어리숙함이 많이 느껴집니다. 제 소속과 국제교류 제안 내용을 담기는 했지만 구체성이 다소 부족합니다.

Changkeun Lee 2023년 3월 22일 (수) 오후 2:47
budiyanto.a92에게

hello. I am a teacher working at an elementary school in Jeonju, Korea. I am the 4th grade's head teacher of 4 classes in my school this year. This year, I am preparing for international exchange classes and overseas field trips. I wonder if your school is interested in international exchange activities. If you are interested in exchange activities, please reply.

교류학교 매칭에 성공했지만 나중에 생각해보니 후회되기도 했던 발신 메일

국제교류 수업 제안 메일을 더 정돈된 형식으로 바꿀 필요가 있습니다. 자기소개와 간략한 메일의 목적 안내로 시작하여 내 학교에 대한 소개와 국제교류 학생규모, 프로젝트의 목적과 구체적인 제안사항을 잘 정리하여 메일을 보낸다면 다음 이야기를 나누기가 더 좋습니다.

정돈된 메일 양식으로 바꿔본 예시

REQUEST FOR CULTURAL EXCHANGE

Dear Mr. Budiyanto,

[자기소개와 간략한 메일의 목적 안내]
자신의 소속과 이름을 밝히고 국제교류 수업이라는 목적으로 메일을 보낸다는 것을 명확하게 표현합니다.

My name is Changkeun Lee, a teacher working at an elementary school in Jeonju, Korea. I am writing to request an international exchange class with your institution.

[우리 학교의 소개와 국제교류 희망 집단 소개]
자신의 우리 학교의 위치와 규모를 비롯한 기타 학교 상황을 전달합니다. 그리고 학교의 어떠한 집단이 국제교류 활동을 희망하는지 기술합니다.

My school's full name is Jeonju Jeolla elementary school.
My school is a school with 24 classes and about 700 students.
There are 95 4th year students who I want to conduct international exchange class activities.

[프로젝트의 목적과 구체적인 제안]
구체적으로 원하는 활동들을 정리하여 상대방에게 전달할 수 있으면 좋습니다. 예시와 같이 컬처박스 교환활동, 다양한 문화교류 수업, 사회교과 공동주제수업 '우리 지역의 문제', 과학교과 공동주제수업 '화산', 학교 방문 프로젝트와 같은 구체적인 내용을 제시합니다.

This year, I am preparing for international exchange classes and overseas field trips.

The purpose of this project is to foster cultural diversity and improve English communication skills for our students living in the era of globalization.

I would like to propose joint project work on the following topics:

1. Culture Box activities for cultural exchange
2. Various cultural exchange classes
3. Social Study: Problems in my region
4. Science: About Volcano
5. School Visit

My students are eager to learn about other cultures and, if possible, make friends with your students by e-mail as well. We hope to allocate 2-3 hours per week on these projects during a three-month period. We can set up a video conference call if you're interested in discussing starting a collaboration that adds value to both schools. If this suggestion interests you, please let us know by replying when you're available.

Best Regards,
Changkeun Lee
Jeonju Jeolla elementary school

이와 같이 내용이 정돈된 메일이 보기에도 좋고 교류 대상 학교의 선생님도 학교 관리자와 소통하기 훨씬 좋습니다. 여기에 한 가지 팁을 추

가하자면, 메일의 서명 기능을 사용하라는 점입니다. 메일 하단에 교류 수업을 제안하는 교사의 서명을 입력하면 더 신뢰감을 줍니다.

A. Budiyanto <budiyanto.... 2023년 4월 10일 (월) 오후 5:11

나에게

Selamat siang dari Indonesia, Teacher Lee

Thank you for your fast response
1. Actually, in our school, we have an English club. So, we are considering using this club to participate in our online exchange program. They are various from grade 4 to grade 6.
2. That is a good idea. Maybe we can have time in July. Just for your information, we start our new semester in July after 7.
3. It will be oke if you are going to visit in October. But, we think, our construction will not finish yet.
4. Oke, we can talk about various agenda items after 2 pm (Indonesian time) on May 3rd. we will inform you of the exact time later.
5. We have made the Indonesia version and we will attach it to this email. Maybe you can check and put the signature if you agree with the context of the MoU.

Thank you very much
Best Regard

A.Budiyanto
Team Leader of International Affairs and Partnership
Salsabila Al Muthi'in Islamic Primary School
Bantul, Yogyakarta Special Region

외국 교사가 보낸 메일 답장의 하단을 보면 서명을 잘 활용하고 있다.

서명에는 이름, 소속 학교, 국가와 지역 외에도 교사의 연구 분야를 드러낼 수 있는 소속 연구회 등을 함께 기록해주면 좋습니다.

3

학교 운영위원회 심의는 필수!

학생들의 온라인 수업만 운영하는 것이 아니라 해외현장체험학습도 함께 계획하고 있다면 학교 운영위원회 심의는 중요합니다.

학교의 인원들이 해외여행을 가게 되면 여행자보험을 가입합니다. 하지만 때로는 여행자보험의 보장범위로는 부족한 사고 상황이 발생할 수 있습니다. 학교안전공제회의 추가적인 보상 보장을 위해 학교 운영위원회의 사전 심의과정이 필요합니다.

학교 운영위원회 안건으로 올리는 문서 예시를 공유하니 참고 바랍니다.

2023학년도 해외학교 국제교류 운영계획

발의 년월일 : 0000.00.00.

제 안 자 : 학교장

제안설명자 : 교 사 이창근

1. 제안 사유	국제교류를 통하여 국제적 안목을 넓혀 양교의 화합과 상호 발전을 도모하고 미래사회를 이끄는 글로벌 리더 육성을 위해 인도네시아 소재 현지학교와의 교류를 추진하고자 합니다.
2. 제안 근거	가. 국제교류학교 선발공모에서 선정됨 (교육 정책기획과-○○○, 0000.00.00.) 나. 국제교류 수업 학교 운영계획서
3. 주요 내용	가. 대상 학교: INDONESIA SDN Ujung Menteng 01 Pagi SDIT Salsabila Al Muthi'in 나. 교류 대상: 본교 4학년 전체 학생 다. 교류 기간: 2023.04.~2023.11. 라. 교류 형태: 온라인 수업교류(4학년 학생 95명), 해외현장체험학습(학생 16명 선발, 교류학교 방문) 마. 운영 내용: 문화교류, 공동주제 수업활동 바. 교류수업 운영경비: 0,000,000원 (도교육청 목적사업비) (수업 물품과 문화교류 물품 구입, 교류국 문화수업 강사비 등) 사. 해외현장체험학습 교통 이용: 버스와 항공 아. 해외현장체험학습 인솔 교사 교직원 2명 자. 해외현장체험학습 경비: 도 교육청 집행 (1인당 000만원 이내) 차. 추수 지도: 학생 결과 보고서 제출 및 활동 영상 제작 아. 국제교류 운영위원회 위원 위촉 논의
4. 첨부 자료	가. 국제교류 수업 학교 운영계획서 1부. 나. 국제교류 운영위원회 구성 및 운영계획 1부. 끝.

4

든든한 지원군, 국제교류위원회

해외 현장체험학습을 진행하려면 국제교류위원회가 필요합니다. 어떤 학생이 이 특별한 기회를 갖게 될 것인지 학생들과 학부모의 관심이 아주 지대합니다. 그래서 그 선발 과정과 운영 방법에 대한 근거를 마련하는 국제교류위원회의 조직은 필수라고 볼 수 있습니다.

〈국제교류위원회에서 하는 일〉

- 국제 교류 협약, 상호 방문, 교육 프로그램 운영에 관한 각종 사항 논의
- 국제 교류 사업 대상 참가 대상자 선정 방법 논의
- 교류 국가 방문 체험학습 전반 사항 논의

〈국제교류위원회 구성과 역할(예시)〉

- 위원장(학교장): 추진 위원장
- 부위원장1(교감): 업무 검토
- 부위원장2(국제교류 수업 주무 교사): 해외교류수업 관련 업무 실무, 수업 및 연수, 해외현장체험 업무 실무
- 협조(행정실장): 행정적 지원
- 업무담당위원(협력교사1): 자료제작, 회의록 작성, 학생 선발
- 업무담당위원(협력교사2): 국제교류 수업 진행 및 학생 선발 지원
- 위원(학교 운영위원장): 행사활동 및 안전 지원
- 위원(학생회장): 학생 대표 의견

국제교류 위원회 회의 모습

행정실장이 위원으로 참여하게 되면 회의 이후에 행정실의 적극적인 지원을 기대할 수 있습니다. 담당 교사가 행정실 직원에게 건건이 부탁할 필요 없이 정식의 행정 업무 지원을 받을 수 있습니다.

학교 운영위원장의 참여로 학교 운영위원회의 국제교류 프로젝트 활

동 이해도도 높아질 수 있습니다. 저희 학교 운영위원장님은 이 회의에서 학생 선발에서 학교폭력 징계 이력이 있는 학생은 꼭 제외했으면 좋겠다는 의견도 주셨습니다.

학생회장의 목소리를 통해 학생 측의 의견을 듣는 일도 중요합니다. 더불어 학생회를 대표하는 학생회장이 학교 주요 프로젝트를 파악하고 있으면 국제교류 프로젝트의 학생 홍보 등의 효과도 누릴 수 있습니다.

5

—

인증서 발급과 학생 개인정보 동의서 받기

당연한 말이지만 교류 수업에 참여하는 모든 참가자 명단을 잘 정리해야 합니다. 특히 영어로 명단을 정리한 다음에 국제 수업 참여에 관해 인증하는 인증서(certificate)를 발급한다면 활동에 참여하는 국내외 학생들에게 큰 동기부여와 성취감을 느끼게 할 수 있습니다. 저는 APEC의 AICoB 교사로서 ACP라는 국제 교류 프로젝트 사업으로 활동을 진행하였기에 APEC에서 발급하는 인증서를 참가자들에게 발급하였지만, 꼭 그렇지 않더라도 시도교육청이나 학교 차원에서 인증서를 잘 준비하여 발급하는 것을 추천합니다. 참고할 수 있는 인증서 문구의 예시는 다음과 같습니다.

Certificate of Participation

This certificate is awarded to [Name] in recognition of their active participation in the International Exchange Program. Your dedication and enthusiasm in learning about different cultures and making connections with peers from around the world have contributed greatly to the success of this program. We commend you for your hard work and commitment to fostering global understanding and cooperation.

Issued on [Date]
[Signature]

인증서 문구 예시

국제 교류 수업 활동을 통해 교류 학교에 우리 학교 학생들의 사진이나 영상을 공유하거나 전체 활동 결과를 정리할 때에도 학생 개인정보가 종종 사용됩니다. 그래서 참여 학생들의 개인정보 동의서가 필요합니다. 어떠한 부분들을 동의 받으면 좋을지 잘 고민하기 바랍니다. 동의서 예시 양식을 공유합니다.

≪ 개인정보 수집 · 이용 동의 ≫

【수집하는 개인정보의 항목】

○ 기본 개인정보항목: 성명(영문포함), 성별

○ 추가 개인정보항목(해외현장체험 선정학생): 여권번호, 전화번호(학부모 연락처 포함)

○ 학생 본인의 얼굴 또는 신체가 드러나는 영상물을 활동 보고서 및 도서 제작 콘텐츠로 제출하는 경우 초상권 이용 동의
(국제교류 대상 학교에 한하여 온라인 교류로 제공되는 경우 해당 학교에서 제 3자에게 제공하는 것은 금지하도록 함)

【개인정보 수집 목적】

○ 온라인 국제교류 e팔 친구 매칭

○ 국외 체험학습을 위한 항공권 예매

○ 콘텐츠를 통한 온라인 국제교류

○ 국외 체험학습 운영 및 관리

○ 국제교류 수업 활동 결과 공유 보고서 및 도서 제작

【개인정보 보유기간】

○ 개인정보는 원칙적으로 개인정보의 수집 및 이용목적이 달성되면 지체 없이 파기합니다.
 – 보유 및 이용 기간: 2년

【동의 거부 고지】

○ 해당 개인정보 수집 및 이용 동의에 대한 거부 권리가 있습니다.

≪ 개인정보 제3자 제공 동의 ≫

【개인정보를 제공받는 자】

○ 교육청 국제교류 운영 담당부서

○ 교류대상 학교 담당교사

○ 교육청으로부터 국외체험학습을 위임받은 여행사(해외현장체험 해당 학생)

【개인정보를 제공받는 제3자의 개인정보 이용 목적】

○ 국제교류 운영학교 운영 관리

○ 국외 체험학습을 위한 항공권 예매 (해외현장체험 해당 학생)

【제공하는 개인정보의 항목】

○ 기본 개인정보항목: 성명(영문포함), 성별

○ 추가 개인정보항목(해외현장체험 선정학생): 여권번호, 전화번호(학부모 연락처 포함)

【개인정보 보유기간】

○ 개인정보를 제공받는 제3자의 개인정보 보유 및 이용 기간은 2년입니다.

【동의 거부 고지】

○ 해당 개인정보를 제3자에게 제공하는 것에 대한 거부 권리가 있습니다.

학년 전체와 국제교류 수업을 진행하다!

이창근 교사의
국제교류 수업 운영 사례

1

4개 학급, 95명의 학생들과 국제교류 수업을?

국제교류 수업을 처음 도전하는 교사들이 보통 선택하는 교류 인원 형태는 이렇습니다.

- 담임교사로서 하나의 학급을 중심으로 진행하는 형태
- 학생 동아리를 조직하여 15명 내외의 학생들과 진행하는 형태

하지만 저의 첫 국제교류 수업 프로젝트는 초등학교 4학년 4개 학급, 그리고 95명의 학생들과 함께하게 되었습니다. 그 사연은 이렇습니다.

우리 학교가 교육청에서 모집하는 국제교류학교 사업학교로 선정되어 1년간의 국제교류 온라인 수업에 필요한 예산지원과 해외현장체험학습(학생 16명) 추진 비용을 지원받게 되었습니다.

저는 4학년 학생들의 담임교사이자 학년 부장교사였습니다. 제 고민은

이랬습니다.

'내가 학교 차원의 학생 동아리를 조직하여 국제교류 수업을 진행한다면 초등 5, 6학년 학생 중심으로 동아리를 구성할 가능성이 크다. 나는 4학년 담임교사인데 다른 학년 학생들을 지도하느라 바쁘게 시간을 보낸다면 학부모 민원이 있지 않을까?'

'내가 담임교사인 우리 학급만으로 교류수업을 운영할까? 하지만 내가 24명의 반 전체 학생 중 16명의 해외현장체험학습 선발인원을 뽑고 나면 나머지 8명의 학생들은 어떻게 되는 거지?'

긴 고민의 과정을 거친 후, 저는 저와 같은 학년을 맡은 담임교사 세 분께 부탁을 드렸습니다. 그래서 1년간 4학년 전체 4개 학급의 학생들과 함께 온라인 교류수업을 진행하게 되었습니다. 2학기에 진행하는 해외현장체험학습 16명 선발인원도 4학년 전체에서 선발하기로 하였습니다.

4학년 학생들의 외국어 소통 수준이 기초수준이기 때문에 온라인 교류수업은 문화교류 선에서 진행하기로 하였고, 인원이 많으니 교류 대상 학교의 인원 역시 대규모가 될 수 있도록 알아보기로 하였습니다.

16명의 선발인원은 국제교류 수업 참여 의지도 높고, 외국어 구사능력도 우수한 학생들로 구성될 확률이 높습니다. 그래서 이 학생들과 공동

주제 교과수업을 진행해보기로 계획했습니다. 그리고 이 수업을 함께할 또 다른 교류 대상 학교를 알아보기로 했습니다.

특별한 이유가 없더라도 교류 대상 학교를 두 군데 이상으로 준비하는 것을 추천합니다. 하나의 학교와 교류할 때, 교류 대상 학교가 적극적으로 활동에 참여하면 문제가 없지만 종종 적극적인 참여 의지가 부족한 경우가 있습니다. 당황스러운 상황을 피하고 싶다면 복수의 교류 학교를 준비하기 바랍니다.

교실에 부착하여 1년간 국제교류 수업을 안내한 플래카드 양식

2

외국 선생님과의 첫 회의, 어떻게 진행할까?

어려운 교류 대상 학교 매칭 작업의 시간을 보내고 나면 첫인사 시간을 갖게 됩니다. 첫인사는 가볍게 인사만 나누는 활동을 나눌 수도 있고, 교류 활동에 관한 큰 이야기를 나눌 수도 있습니다.

우리 학교는 2개의 학교와 교류 수업 매칭을 하였습니다.

첫 번째 학교는 초등 4학년 4개 학급 95명의 한국 학생들과 온라인 문화교류수업을 진행하게 되는데, 인도네시아 자카르타의 SDN Ujung Menteng 01 Pagi 학교입니다.

두 번째 학교는 해외현장체험학습에 참여하는 16명의 선발 학생들과 공동주제 교과수업을 진행합니다. 이 학교는 인도네시아 족자카르타의 SDIT Salsabila Al Muthi'in 학교입니다.

교류학교 SDN Ujung Menteng 01 Pagi 학교 교사들과의 첫 만남

SDN Ujung Menteng 01 Pagi 학교 교사들과의 첫 만남 회의 모습

첫 만남의 시간에는 먼저 자기소개부터 시작합니다. 온라인 교류수업을 위해 이렇게 여러 선생님이 참여하는 화상회의를 준비하고 이를 진행해보니 몇 가지 어려운 점이 있었습니다. 인도네시아 학교의 팀 리더 선생님은 영어가 유창한데 나머지 선생님들의 유창성이 떨어져서 즉각적으로 대답해야 하는 회의 진행에는 조금 소통의 어려움이 있었습니다.(다행히 제가 인도네시아어 사용이 가능하여 3개 언어로 1시간가량 소통하였습니다.)

하지만 수업교류 때에는 다들 어느 정도 수업에 사용할 영어 발문들을 미리 준비하고 참여하기 때문에 괜찮을 것 같습니다.

4학년 4개 학급 95명의 대규모 학생들의 교류 수업을 이 학교와 진행하기로 하였고, 한국 학생들뿐만 아니라 인도네시아 학생들도 4학년 모든 학생이 참여하기 때문에 언어 사용 수준을 고려하여 문화교류 중심의 수업을 진행하기로 하였습니다.

1시간여 동안 SDN Ujung Menteng 01 Pagi 선생님들과 나눈 이야기 주제들과 그 순서는 이렇습니다.

---

1. 교류학년과 학급 수: 한국학교 4학년 4개 학급 95명
   인도네시아학교 4학년 2개 학급 64명

2. 해외현장체험학습 추진 시 교류학교 방문 가능 날짜: 2023.10.12.

3. 협약체결의향서(MOU) 내용 논의

4. 온라인 교류수업 활동 내용과 시기 논의
   - 주제는 문화교류 중심으로 운영
   - 비실시간 교류는 PADLET 페이지를 통해 수업결과물 교류
   - 실시간 온라인 교류 수업은 7월부터 시작(인도네시아 새 학기가 7월에 시작)

5. EPAL 활동: 패들렛 담벼락을 개설해서 학생 간 짝을 지어주면 하단에 쭉 이야기를 올리는 방식으로 운영
   - 텍스트와 영상편지 모두 업로드가 가능하며, 학생관리 용이함.
   - 7월부터 매칭하여 운영

6. 국제교류 수업 활동 인증서(Celtificate) 발급을 위한 영문 이름 수합 필요함.
   – 대상: 참여 학교 교장, 교사, 학생들

7. 컬처박스 활동 관련: 상호간 보낼 수 있는지, 몇 종 물품 보낼지,
   공통적으로 약속 물품 정할 수 있는지

8. 선생님들의 의견교환과 기록을 남길 수 있는 공동의 공간 마련하기
   – Facebook 그룹페이지 개설하기로 함.

마무리. 첫 회의 활동 기념 줌(ZOOM) 기념촬영

교류학교 SDIT Salsabila Al Muthi'in 학교 교사들과의 첫 만남

이 학교와는 첫 만남이지만 앞서 첫 번째 학교와 화상회의 경험을 떠올려 앞서 겪었던 문제점을 극복해보고자 했습니다.

저는 두 번째 화상회의 일정을 잡으면서 회의에서 나눌 주제들을 선생님들께 미리 안내하고 이 주제들에 대한 제 생각도 어느 정도 전달하였습니다. 교류학교가 나누고 싶은 주제나 생각들도 간단히 받아서 정리한 상태에서 회의를 시작하였습니다. 그리고 화상회의 창에 회의 식순을 띄운 상태로 진행하니 모든 과정이 매끄러웠습니다.

이 학교와의 교류 수업은 해외현장체험학습을 위해 선발한 16명의 학생들로 진행하기로 하였고, 경쟁을 통해 선발된 우수 집단 학생들인 점을 고려하여 공동주제 교과수업을 진행하면 좋겠다고 생각하였습니다.

두 번째 교류학교인 SDIT Salsabila Al Muthi'in 학교 교사들과의 첫 만남

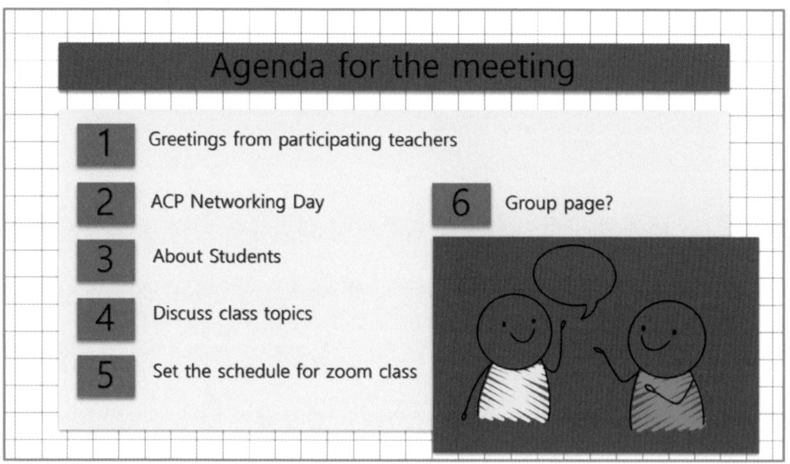

줌(ZOOM) 회의 창에 띄운 첫 만남에 나눌 안건 리스트

SDIT Salsabila Al Muthi'in 선생님들과 나눈 이야기 주제들은 이렇습니다.

---

1. 교류학생 그룹: 한국학교 4학년 16명(해외현장체험 선발 학생)
   인도네시아학교 3~6학년 24명(학교 동아리 형태)

2. 1-2분 정도의 학교 소개 영상 제작하여 상호 공유하기

3. 협약체결의향서(MOU) 확인

4. 온라인 교류수업 활동 내용과 시기 논의
   - 사회 교과와 과학 교과에서 공동 주제를 선정하여 수업진행
   - 사회: (4학년 1학기) 내가 살고 있는 도시의 문제점
   - 과학: (4학년 2학기) 화산과 관련한 프로젝트 수업
   - 실시간 온라인 교류 수업1: 8월 첫 주(사회 수업)
   - 실시간 온라인 교류 수업2: 9월 중(과학 수업)
   - 실시간 온라인 교류 수업3: 10월 말~11월 초(컬처박스)

5. 국제교류 수업 활동 인증서(Celtificate) 발급을 위한 영문 이름 수합 필요함.
   - 대상: 참여 학교 교장, 교사, 학생들

마무리. 첫 회의활동 기념 줌(ZOOM) 기념촬영

3

국제교류 수업, 가정통신문으로 안내하자

교류학교와 국제교류 수업 진행과 관련한 이야기를 나누었으니 이제 학생과 학부모님께 활동 계획을 안내합니다.

앞으로 어떤 프로젝트 활동이 진행 예정인지 안내합니다. 제가 추진한 프로젝트는 전체 4학년 학생이 참여하는 온라인 교류수업과 선발된 학생들이 참여하는 해외현장체험학습이 있습니다. 전체학생들의 온라인 교류수업 활동에 대한 안내를 먼저 합니다. 그리고 학생 선발은 어떻게 진행될 예정인지, 참여하고 싶은 학생들은 언제 시간을 비워야 하고 무엇을 준비해야 하는지 정보를 잘 정리합니다.

제가 작성한 가정통신문 예시는 다음과 같습니다.

〈가정통신문 예시〉

2023학년도 전라초등학교 국제교류 수업 관련 안내

학부모님 안녕하세요. 올해 우리 학교는 도교육청에서 추진하는 국제교류 수업 운영학교에 선정이 되어 1년 동안 4학년 4개 학급에서 국제교류 수업 활동을 진행합니다. 우리 학교와 교류수업 매칭 학교는 인도네시아의 2개 학교(Ujung Menteng 01 Pagi Elementary School, SDIT Salsabila Al Muthi'in)입니다. 학부모님 및 학생들이 국제교류 수업 활동에 관하여 궁금증이 많을 것이기에 이에 관하여 설명 드리는 안내장을 보냅니다.

국제교류 수업은 다른 국적의 학생들과 학습 활동을 진행하면서 서로의 문화와 언어를 배우고 교류하는 과정을 통해 세계 시민으로 성장하는 데 목적이 있습니다.

우리 학교의 국제교류 수업 활동은 교과수업 시간을 통한 비대면 공동수업, 실시간 화상수업 등 온라인 교류 활동으로 진행됩니다. 교육내용으로는 문화 교류 수업, 공동주제 교과수업이 진행될 예정입니다. 교류 대상국인 인도네시아의 새 학년이 7월에 시작되는 이유로 첫 만남 활동은 7월로 예정되어 있으며 9, 10, 11월까지 온라인 국제교류 수업 활동이 예정되어 있습니다.

〈온라인 국제교류 수업 활동 계획〉

수업 종류	내용	방법	비고
문화 교류 수업	첫 만남 인사(7월) – 교류 수업 참여자 인사 – 우리 학교 소개	실시간 화상수업	Ujung Menteng 01 Pagi Elementary School 2개 학급과 4학년 4개 학급 매칭

<table>
<tr><td rowspan="2">문화
교류
수업</td><td>E팔 활동(7~11월)
– 영어시간을 활용한 온라인 편지쓰기 활동</td><td>Padlet 공유</td><td rowspan="2">Ujung Menteng 01 Pagi Elementary School 2개 학급과 4학년 4개 학급 매칭</td></tr>
<tr><td>문화교류 활동(7~11월)
– All about me
– What's in my bag?
– This is my city, my country
– Sharing our school life</td><td>실시간 화상수업
Padlet 공유</td></tr>
</table>

더불어 4학년 학생들 중 16명의 학생을 선발하여 글로벌 역량과 세계 시민 역량 함양을 목적으로 인도네시아에 있는 교류학교에 방문할 예정입니다. 현장체험학습에 필요한 비용은 도교육청 사업예산으로 진행되며, 개인 경비(여권 발급비, 현지 기념품 쇼핑비용 등) 발생 가능합니다.
학생 선발은 7월 중 진행 예정이며, 선발 기준은 본교 국제교류 운영위원회 회의를 통하여 정하였습니다.
남학생 8명, 여학생 8명을 선발하며, 학급별 최소 인원 보장 기준은 남학생 1명, 여학생 1명입니다. 학생 선발은 총 2차에 걸쳐 진행됩니다.(1차: 서류 및 미션 영상 평가 2배수 선정, 2차: 면접)
평가 영역은 온라인 공동수업 참여도, 참가서류 및 영상 콘텐츠 평가, 출결(미인정 결석 유무), 인성(교우관계, 독립성, 학교폭력 또는 교권침해 처분 여부), 외국어 능력(원어민 영어면접), 면접 질문 점수 등으로 구성됩니다.

상세한 선발 기준 및 계획은 7월에 안내장을 통해 안내할 예정이며, 선발된 학생은 여름방학 교내 캠프와 2학기 중 교류 수업 활동, 해외현장체험학습 사전교육에 의무 참여해야 합니다.

〈선발학생(16명) 활동 일정〉

<table>
<tr><th>활동</th><th>날짜 및 시간</th><th>내용</th><th>비고</th></tr>
<tr><td rowspan="3">국제
교류
수업
여름
캠프</td><td>7/31(월)
09:00~12:00</td><td>– 한국문화 공연 준비, 주제 영어 수업</td><td rowspan="7">SDIT
Salsabila
Al Muthi'in
학교와
교류수업
(선발인원
16명 모두
참석)</td></tr>
<tr><td>8/1(화)
09:00~12:00</td><td>– 국제교류 수업 주제 활동,
주제 영어 수업</td></tr>
<tr><td>8/2(수)
13:00~17:00</td><td>– 국제교류 수업(공동주제)
– 우리 지역의 문제(환경) 발표 준비
– 우리 지역과 지구 문제를 해결하기 위해 내가 할 수 있는 일
– 실시간 국제교류 수업 발표(16:00~)</td></tr>
<tr><td rowspan="4">공동
주제
교과
수업</td><td>9/9(토)
09:00~12:00</td><td rowspan="4">국제교류 수업(공동주제)
– 주제: 화산 탐구 프로젝트
– 실시간 국제교류 수업 발표
(9월 중 평일 16:00~)
문화교류 수업(컬처박스)
– 주제: 컬처박스 교류
– 실시간 국제교류 수업 발표
(11월 중 평일 16:00~)
– 한국문화 공연 준비(9–10월)</td></tr>
<tr><td>9월 중 평일
14:00~17:00</td></tr>
<tr><td>10/7(토)
09:00~12:00</td></tr>
<tr><td>11월 중 평일
14:00~17:00</td></tr>
<tr><td>해외
현장
체험
사전
교육</td><td>10월중
(미정)</td><td>해외현장체험학습 사전교육
– 업체 설명
– 인솔교사 각종 안내</td><td>선발인원
과 학부모
참여</td></tr>
</table>

1년간 진행되는 온라인 국제교류 수업과 해외현장체험활동을 통해 우리 학생들이 서로 다른 문화를 경험하고 배우면서, 서로 다른 문화를 이해하고 존중하는 마음을 배우고 더욱 다양하고 평화로운 세상을 만들어 나가는 미래 시민으로 성장하길 기대합니다.

2023. 00. 00.

전 주 전 라 초 등 학 교

4

온라인 문화교류 수업 A to Z

(4학년 4개 학급 한국 학생 95명 & 4학년 2개 학급 인도네시아 학생 64명)

앞서 언급한 바와 같이 이 프로그램에 참여하는 전체 4학년 초등학생들의 영어 구사력이 높지 않기 때문에 한국&인도네시아 문화교류를 중심 주제로 운영하기로 하였습니다. 그리고 학생들의 외국어 사용 능력을 보충 지원하기 위해 주제별 영어 표현 교육자료도 만들어서 지도했습니다. 교육자료의 예시를 함께 첨부합니다.

국제교류 수업을 위한 단어&표현(1)

ALL ABOUT ME

G4, name:(   )

ALL ABOUT ME			
	영어 단어	뜻	발음
1	family	가족	패밀리
2	mother	엄마	마덜
3	father	아빠	파덜
4	hobby	취미	하비
5	favorite	좋아하는	페이버릿
6	color	색깔	컬러
7	Music	음악	뮤직
8	food	음식	푸드
9	animal	동물	애니멀
10	vacation	방학	베케이션
11	Korea	한국	코리아
12	birthday	생일	벌쓰데이
13	book	책	북
14	sport	운동	스포트
15	subject	과목	서브젝트
16	drink	음료	드링크
17	movie	영화	무비
18	place	장소	플레이스

ALL ABOUT ME	
	Expressions
1	Hello, My name is Jisoo 안녕, 나의 이름은 지수야. (헬로, 마이 네임 이즈 지수)
2	What's your hobby? 네 취미가 뭐야? (왓츠 유어 하비?)
3	My favorite color is blue. 내가 가장 좋아하는 색깔은 파랑이야. (마이 페이버릿 컬러 이즈 블루)
4	My birthday is May 1st 내 생일은 5월 1일이야. (마이 벌쓰데이 이즈 메이 퍼스트)

전라북도교육청 주관 국제교류수업

기초 인도네시아어(Bahasa Indonesia)	
	표현
1	Nama siapa Anda? 당신의 이름은 무엇입니까? (나마 씨아빠 안다?)
2	Nama Saya Jiho 제 이름은 지호입니다. (나마 사야 지호)
3	Saya asal dari Korea selatan 저는 대한민국에서 왔어요. (사야 아쌀 다리 꼬레아 슬라딴)
4	Senang bertemu dengan Anda 당신을 만나서 반갑습니다. (스낭 버르뜨무 등안 안다)

APEC국제교육협력원
알콥 협력 프로젝트(ACP)

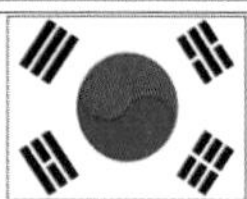

국제교류 수업을 위한 단어&표현(2)

Let me introduce the center of Jeonju

G4, name:( )			
Let me introduce the center of Jeonju			
	영어 단어	뜻	발음
1	city	도시	시티
2	market	시장	마켓
3	zoo	동물원	주
4	City Hall	시청	시티홀
5	Hanok Village	한옥마을	한옥빌리지
6	museum	박물관	뮤지엄
7	store	상점, 가게	스토어
8	people	사람들	피플
9	factory	공장	팩토리
10	terminal	터미널	터미널
11	bus	버스	버스
12	train	기차	트레인
13	place	장소	플레이스
14	station	역	스테이션
15	center (of)	중심지	센터(오브)
16	map	지도	맵
17	move	이동하다	무브
18	crowded	붐비는	크라우디드

Let me introduce the center of Jeonju	
	Expressions
1	That place is crowded
	그곳은 사람들이 많이 모여
	(댓 플레이스 이스 크라우디드)
2	We can take the train at Jeonju station
	우린 전주역에서 기차를 탈 수 있어
	(위 캔 테잌 더 트레인 앳 전주스테이션)
3	There are many stores there
	그곳엔 가게가 많이 있어
	(데어 매니 스토얼스 데어)
4	This is a map of Jeonju
	이게 전주 지도야
	(디스 이즈 어 맵 오브 전주)

전라북도교육청 주관 국제교류수업

기초 인도네시아어(Bahasa Indonesia)	
	표현
1	satu, dua, tiga, empat, lima
	일, 이, 삼, 사, 오
	사뚜, 두아, 띠가, 음빳, 리마
2	enam, tujuh, delapan, sembilan, sepuluh
	육, 칠, 팔, 구, 십
	으남, 뚜주, 들라빤, 슴빌란, 스뿔루
3	Berapa usiamu?
	당신은 몇 살입니까?
	브라빠 우시아무?
4	Saya berusia sepuluh tahun
	나는 10살입니다.
	사야 버르우시아 스뿔루 따훈

APEC국제교육협력원 알콥 협력 프로젝트(ACP)

국제교류 수업을 위한 단어&표현(3)

Favorite food

G4, name:( )			
Favorite food			
	영어 단어	뜻	발음
1	taste	맛	테이스트
2	sour	신	사워
3	salty	짠	솔티
4	sweet	단	스윗
5	bitter	쓴	비럴
6	spicy	매운	스파이시
7	food	음식	푸드
8	favorite	가장 좋아하는	페이버릿
9	kind	종류	카인드
10	eat	먹다	잇
11	traditional	전통적인	트래디셔널
12	seasoning	양념	시즈닝
13	vegetable	채소	베지터블
14	popular	인기있는	파퓰러
15	meat	고기	미트
16	seafood	해산물	씨푸드
17	rice cake	떡	라이스 케잌
18	noodle	면	누들

Favorite food	
	Expressions
1	Do you like Korean food?
	한국 음식 좋아해?
	(두유 라잌 코리안 푸드?)
2	I like kimchi
	난 김치 좋아해
	(아이 라잌 김치)
3	Bulgogi is traditional Korean food
	불고기는 한국 전통 음식이야
	(불고기 이즈 트래디셔널 코리안 푸드)
4	Sikhye is a drink with rice in it
	식혜는 밥이 들어간 음료수야
	(식혜 이즈 어 드링크 위드 라이스 인 잇)

전라북도교육청 주관 국제교류수업

기초 인도네시아어(Bahasa Indonesia)	
	표현
1	Bagaimana rasanya?
	맛이 어때요?
	바기마나 라사냐?
2	Ini sangat enak.
	이거 정말 맛있어요.
	이니 상앗 에낙.
3	Lapar, Kenyang
	배가 고픈, 배가 부른
	라빠르, 끄냥
4	Makanan apa yang paling kamu suka?
	당신이 제일 좋아하는 음식은 무엇인가요?
	마까난 아빠 양 빨링 까무 수까?

APEC국제교육협력원 알콥 협력 프로젝트(ACP)

수업 주제별 외국어 단어 및 표현 교육자료

이러한 기본적인 준비를 마친 뒤에는 양 학교 학생들의 첫 만남을 가졌습니다. 화상수업 채널은 총 2개를 열었고 채널 하나당 한국 학급 2개, 인도네시아 학급 1개 학급이 참여하였습니다. 수업 내용과 그 순서는 다음과 같습니다.

---

1. 각 학교의 교사 인사 및 국가 소개
2. 서로의 학교 및 학급 안내하기
3. 학급별 5명씩 대표 학생 선정하여 인사말 건네기
4. 각 국가의 전통 노래 불러주기

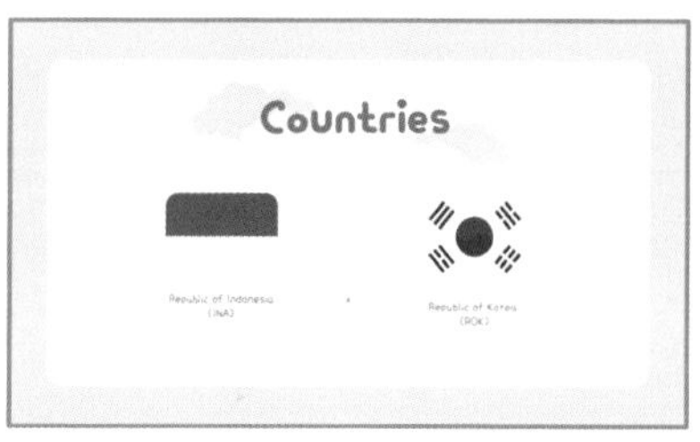

온라인 수업에 사용한 인도네시아 학교의 발표자료

온라인 교류수업을 위해 만든 학생들의 결과물 예시

첫 만남 수업이 끝나고 나면 다음 수업부터는 국제교류 수업 담당 선생님들 간의 협의로 정한 주제를 가지고 다양한 활동을 시도해 볼 수 있습니다. 제가 생각해본 문화 수업 주제 예시는 다음과 같습니다.

1 . All about Me
- 자기소개자료 만들기
- 우리 가족의 주말 브이로그

2. Sharing Our School Life
- 등굣길 Vlog
- 우리학교 안내서(우리학교 지도 만들기)
- 학교 소개 영상 만들기

3. This is My City, My Country
- 우리 지역의 관광지
- 지역을 대표하는 스포츠 구단 소개
- 우리 지역의 K드라마 촬영지
- 지역을 대표하는 한국음식

4. What's in my bag?
- 책가방에 있는 물건 나열 사진 소개
- 물건과 관련한 나의 일상생활 안내하기

5. 고민상담소
- 이 시대를 살아가는 학생들의 고민 모음 영상 제작
- 영상에 영어 또는 교류국가의 언어 자막을 넣어 교환하기

6. 컬처박스 활용 수업
- 학교 간 교환한 컬처박스 물품을 활용한 수업
- 교류 상대국 문화소개 코너 만들기
- 교환한 의상을 입고 런웨이 패션쇼 활동

5

공동 교과 수업: 멀리 있지만 같은 것을 배우고 있어!

(선발된 4학년 한국 학생 16명 & 3-6학년 국제교류동아리 인도네시아 학생 20명)

해외 현장체험학습을 떠나기 위해 선발된 4학년 16명의 한국 학생들, 그리고 국제교류동아리 학생인 3-6학년 20명의 인도네시아 학생들은 영어 구사력 또는 프로젝트 활동 참여에 대한 적극성이 더 큰 학생 그룹이었습니다. 그래서 공동 교과 수업 활동을 시도해보았습니다.

문화교류 수업은 공동의 문화 키워드와 교류하고자 하는 결과물의 형태를 정하고 나면 각자의 발표 자료 등을 준비하면 됩니다.

하지만 공동 교과 주제 수업은 두 나라의 대표 선생님이 각자의 교과 교육과정에서 공통적인 학습 요소를 찾는 일로 시작합니다. 그리고 학습적으로 성취하고자 하는 목표도 확인하며 수업 활동을 계획해야 합니다. 마지막으로 다른 나라의 학생들과 이 주제로 공동수업을 진행하는 일이 학습적으로 더 의미가 있는지 판단해야 합니다.

공동으로 진행하고자 하는 교과와 수업 주제를 정하는 저만의 기준은 이렇습니다.

1. 이 주제로 외국 친구들과 수업하는 일은 학생들의 학습 동기 향상에 큰 도움이 되는가?
2. 다른 문화적 배경을 가진 외국 학생들의 관점과 경험을 통해 한국 학생들에게 풍부한 학습 경험을 제공할 수 있는 교과 내용인가?
3. 학생들에게 현실적이고 실질적인 국제적 경험이 되는 교과 수업 주제인가?

교과에서 공동 수업 주제를 찾아 이를 진행해보는 일은 교사 간 사전 소통의 시간이 더 많이 필요합니다. 하지만 이를 통해 학생의 성취뿐만 아니라 교과를 지도하는 교사로서 성장하는 성취감도 느낄 수 있었습니다. 제가 진행한 수업의 예시를 공유합니다.

공동 교과 수업 주제 예시(1)

4학년 1학기 사회과 3단원 – 지역의 공공 기관과 주민 참여

- 내가 살고 있는 지역의 사회적 문제를 찾고, 해결방법을 찾아 발표하는 교과 주제 활동
- 다른 나라 학생들과 발표를 통해 서로의 지역 문제 이야기를 교환하고, 공통점과 차이점을 확인해보는 활동으로 진행
- 환경과 관련한 공통의 문제 확인을 통해 전 지구적인 해결 노력이 필요함을 느낄 수 있도록 의도
- 지역의 특수성이 드러나는 문제 확인으로 지역적&문화적 다양성을 인식하고 세계시민의식 성장을 기대

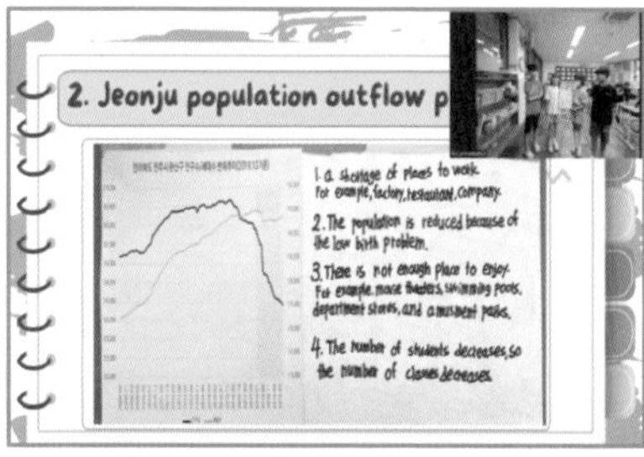

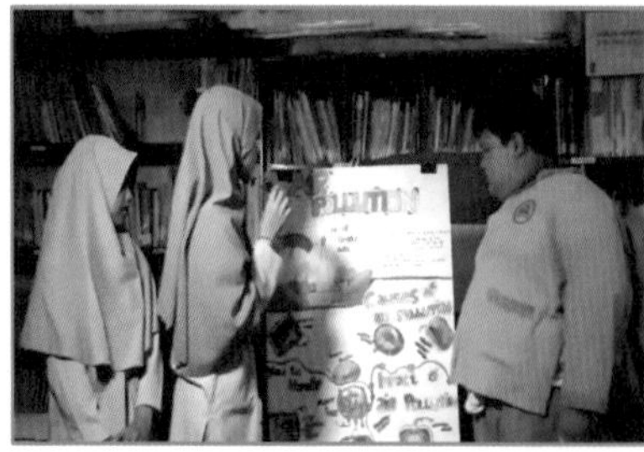

'우리 지역의 문제' 공동수업 모습

공동 교과 수업 주제 예시(2)

4학년 2학기 과학과 4단원 – 화산과 지진

- 과학 실험영상 교환(교사가 사전에 영상 제작): 화산과 지진 관련 과학 수업을 각자 국가에서는 어떻게 수업하고 지도하는지 알아보기
- 학생들은 내가 살고 있는 국가의 대표 화산과 화산 활동에 관한 자료를 모둠별로 준비하여 발표
- 학생 소회의실을 개설하여 학생들을 소그룹으로 나눈 후, 화산과 관련한 자유 이야기 시간 부여
- 심화 활동 계획: 해외현장체험학습지로 인도네시아의 브로모 화산지역을 방문 계획 중인데 이 온라인 수업 활동과 연관지어 심화 활동 주제 부여 예정

'화산과 지진' 공동수업 모습

작은 시골 학교에서 메타버스를 타고 세계로!

김민준 교사의
국제교류 수업 운영 사례

1

–

선생님의 인생을 바꾼 경험을 학생들에게

처음 국제교류 수업 프로젝트를 맡았을 때, 주변 선생님들은 이 생소하고 낯선 주제에 대해 많이 궁금해하셨습니다. 그 궁금증은 다음과 같은 질문들로 이어졌습니다.

"어쩌다 그걸 맡게 되었어?"
"그거 왜 하는 거야?"
"해외로 놀러 가는 거 아니야?"
"그것을 한다고 학생들이 달라질까?"

사실 이 프로젝트를 신청하면서도 저 역시 이와 같은 질문들에 대한 명확한 답을 내리기 어려웠습니다. 프로젝트 담당자인 저부터 국제교류에 대한 교육관을 명확히 가질 필요가 있었던 것입니다. 그래서 저는 퇴근하는 길에 운전하며 끊임없이 자신에게 질문하였습니다.

‘국제교류 수업이 과연 어떤 교육적 효과를 가질 수 있을까?’

많은 생각 끝에 저는 저 자신에게서 답을 찾을 수 있었습니다. 제가 어떻게 해서 국제교류를 맡게 되었는지 생각해봤습니다. 교장 선생님과 교감 선생님의 권유가 있긴 했지만 내가 하기 싫으면 하지 않아도 될 프로젝트였습니다. 그렇다면 제가 국제교류를 하겠다고 말씀을 드리게 된 계기는 무엇이었을까요?

그 원동력은 바로 제 중학교 시절에서 찾을 수 있었습니다. 저는 임실군의 시골 작은 마을에서 태어나 관촌초등학교와 관촌중학교를 졸업한 흔히 말하는 ‘시골 촌놈’이었습니다. 이런 제가 중학교 1학년 시절 우연히 학교에서 진행하는 국제교류프로그램에 참여한 적이 있습니다. 일본에 방문하여 국제교류를 진행하고 일반 가정집에 홈스테이를 했습니다. 또한 한국에 방문한 일본 학생들 중 한 명도 우리 집에서 홈스테이하였습니다.

바로 이 경험이 바탕이 되어 저는 국제교류라는 프로젝트를 제안받았을 때 ‘그래? 나도 할 수 있지. 까짓것 못할 게 뭐 있어? 이미 해봤는데!’라는 마음가짐이 되었던 겁니다.

그 시골 촌놈이 자라서 교사가 되고 2015 개정 교육과정 5, 6학년 사회 교과서 세계 지리 부분을 집필하고, 한국국제이해교육학회 간사를 하며,

전주교육대학교 글로벌 다문화 융합 교육 대학원 전공을 하고, 전라북도 시도 세계시민교육 선도 교사를 하고, JB지구촌 지원단을 하고 있습니다. 이런 현재의 제 모습은 학창 시절의 국제교류에 대한 경험에서 시작되었습니다. 이런 생각과 동시에 우리 학교 학생들을 떠올려보았습니다. 다양한 이유로 농촌 시골 학생들에게 넓은 세계를 경험할 기회는 도시에 있는 학생들에 비해 상대적으로 극히 적습니다. 이 학생들에게 저와 같은 경험을 선사해주고 싶은 마음이 생겼습니다. 당장 이번 국제교류를 통해서 당장 학생들이 세계 시민이 되거나 영어 실력이 향상되는 것처럼 보이지 않더라도 지금의 국제교류 경험이 학생들이 자라서 진로를 결정하는 순간, 아니면 그 외에도 인생에서 다양한 선택의 순간에 도움을 주었으면 좋겠다는 바람이 생겼습니다.

국제교류는 학생들의 글로벌 마인드를 향상시키고 삶의 주체성과 자신감을 형성하는 데 큰 영향을 미칩니다. 그 증거가 바로 저 자신이니까요. 그리고 저는 우리 학생들에게 이런 마음을 이어주고 싶었습니다.

저 자신이 국제교류에 대한 교육관이 확실하게 서자 이제는 국제교류 수업을 어떻게 운영할지 운영방식에 대해 고민이 필요했습니다. 동료 선생님들과 운영방식에 대해 회의를 하던 중 제가 한 의견을 제시했습니다.

"메타버스 플랫폼으로 우리 학교를 만들고 그 가상공간 안에서 세계의 여러 친구와 영어를 사용해 문화교류를 해본다면 어떨까요?”

제 의견을 동료 선생님들께서 좋은 의견으로 받아들여 주셨습니다. 이렇게 세계 친구 M.E.E.T 프로젝트를 시작하게 되었습니다.

세계친구 M.E.E.T 프로젝트는 기본적으로 웨일북을 기반으로 진행했습니다. 웨일북이란 전라북도교육청이 초등 1인 1스마트기기 사업을 위해 보급하는 스마트기기입니다. 여기서 웨일북은 다른 노트북이나 스마트패드로 대체해도 크게 무리가 없습니다.

〈Whale을 타고 세계 친구 M.E.E.T 프로젝트 단계별 교육과정〉

Whale을 타고 세계친구 M.E.E.T 프로젝트

단계		영역	내용	역량
1단계	M	**Metaverse** for international Exchange class 국제교류 수업을 위한 메타버스 교육환경 구축	① 학년별 교육과정 재구성 – M.E.E.T 프로젝트에 맞추어 학년별 교육과정 재구성 ② 디지털 교육환경 구축 – 학생별 '웨일북'대여 및 학교 웨일스페이스 구축 – 국제교류 대상 학교 '리딩앤'지원사업 활용 – '패들렛', '캔바'프로그램 지원 – 웹캠, 헤드셋 구비 ③ 교사 및 학생 디지털 역량 강화 – 웨일 스페이스 및 ZEP Edu 기초 교육 – 리딩앤, 패들렛, 캔바 활용 기초 교육 ④ 학교 메타버스 국제교류 공간 구축	에듀테크 활용능력
2단계	E	**Edutech** for English communication skill 영어 의사소통 능력 향상을 위한 에듀테크 활용	① 리딩앤을 활용한 수준별 맞춤형 영어교육 – Test → Learning by level → Feedback → Accept ② 파파고를 활용한 회화 연습 – Communicate with Speaking – Communicate with Text	영어 의사소통 역량
	E	**Edutech** for international Exchange class 국제교류 수업을 위한 에듀테크 활용	① 파파고를 활용한 영어 편지 작성 및 메타버스 공간 업로드 ② 캔바를 활용한 문화교류 수업자료 만들기 ③ 패들렛을 활용한 수업자료 공유	
3단계	T	**Two ways for global citizenship** 또래 교수 수업으로 세계 친구 만나기	① 온라인 비대면 교류 활동 진행하기 – 메타버스 공간을 통한 편지 교류 – 패들렛을 활용한 사진 교류 – 컬처박스를 통한 전통 물품 교류 ② ZEP Edu를 활용한 온라인 대면 또래 교수 국제교류 수업	세계시민성

2

—

M단계:
디지털 교육환경을 만들자!

프로젝트의 1단계는 M단계로 국제교류 수업을 위한 메타버스 교육환경 구축을 하는 과정입니다. 3~6학년이 동시에 국제교류 수업을 진행하는 방식이기 때문에 교육과정 재구성은 필수였습니다. 저는 교육과정 재구성을 다음과 같이 진행했습니다.

3~4학년

교육과정 성취기준

국어	영어	체육
[4국 03-04] 읽는 이를 고려하여 자신의 마음을 표현하는 글을 쓴다.	[4영 02-06] 쉽고 간단한 인사말을 주고받을 수 있다.	[4체 03-02] 단순한 규칙으로 이루어진 게임을 수행하며 경쟁에 필요한 기본 기능을 탐색한다.

교육과정 재구성

국어	영어	체육
세계 친구에게 자신의 마음을 표현하는 글을 쓴다.	**세계 친구와 서로 인사를 나눌 수 있다.**	**세계 친구와 함께 전통 놀이를 할 수 있다.**

5학년

교육과정 성취기준

국어	영어	음악
[6국 01-05] 매체 자료를 활용하여 내용을 효과적으로 발표한다.	[6영 02-07] 일상생활 속의 친숙한 주제에 관해 간단히 묻거나 답할 수 있다.	[6음 02-02] 다양한 문화권의 음악을 듣고 음악의 특징에 대해 발표한다.

교육과정 재구성

국어	영어	음악
세계 친구에게 아리랑과 K-POP을 소개할 수 있다.	**세계 친구와 간단한 일상대화를 할 수 있다.**	**말레이시아의 음악을 듣고 자신의 생각이나 느낌을 세계 친구에게 말할 수 있다.**

6학년

교육과정 성취기준

국어	영어	음악
[6국 01-05] 매체 자료를 활용하여 내용을 효과적으로 발표한다.	[6영 02-07] 일상생활 속의 친숙한 주제에 관해 간단히 묻거나 답할 수 있다.	[6실 02-10] 밥을 이용한 한 그릇 음식을 위생적이고 안전하게 준비 조리하여 평가한다.

교육과정 재구성

국어	영어	음악
세계 친구에게 대한민국 전통 음식을 소개할 수 있다.	**세계 친구와 간단한 일상대화를 할 수 있다.**	**세계 친구와 함께 대한민국 전통음식 유과를 조리하고 이야기 나눌 수 있다.**

다음으로는 프로젝트 진행을 위한 디지털 교육환경을 구축했습니다. 교육지원청에서 웨일북 16대를 대여하여 학생 1인당 1 스마트기기 디지털 환경을 구축했습니다. 향후 학교에 스마트기기 보급률은 전국적으로 더욱 높아질 것임으로 일반화하여 적용하기 쉬워질 것입니다.

원활한 소통을 위한 추가적 보조 장치로 3~6학년 교사 PC에 웹캠을 설치하여 원활한 실시간 온라인 수업이 이루어질 수 있는 환경을 구축했습니다. 또한 학생들의 원활한 화상대화를 위해 학생 1인당 1 헤드셋을 지급했습니다. 막상 헤드셋이나 이어폰을 1인당 1개씩 제공하려니 이것도 큰 비용이 지출되었습니다. 하지만 한번 이렇게 디지털 교육환경 인프라를 학교에 구축하면 이후로도 계속 사용할 수 있으므로 충분히 투자할 가치가 있다고 판단합니다.

웨일북 대여 사진

웹캠 설치 사진

디지털 소프트웨어 교육환경 구축

학생들마다 웨일 스페이스 아이디를 생성하여 웨일 스페이스 내 기능을 자유롭게 활용할 수 있는 환경을 구축했습니다. 처음에는 학생들이 영어와 특수문자가 섞인 자신의 아이디를 외우고 입력하는 것을 굉장히 어려워하였습니다. 그렇지만 교사가 반복적으로 지도하고 10번 정도 연습하면서 학생들은 스스로 로그인을 할 수 있었습니다. 학생들이 처음에 어려워해도 포기하지 마세요! 금방 잘할 수 있습니다.

3~6학년 학생들이 모두 프로젝트에 참여하기 때문에 수준별 영어학습이 필수적으로 필요하였습니다. 그래서 교과수업과 함께 학생들마다 온라인 영어독서프로그램(리딩앤) 아이디를 제공하여 학생들이 언제든 수준별 맞춤형 영어학습을 할 수 있는 환경을 구축했습니다. 비용이 부담스러우시다면 무료 AI 영어교육 프로그램인 AI 펭톡으로 대체할 수 있습니다.

패들렛을 활용한 학교 비대면 국제교류 공간을 생성하여 학생들이 언제든 세계 친구와 자료를 공유할 수 있는 환경을 구축했습니다. 캔바 아이디를 학생마다 제공하여 학생들이 언제든지 접속하고 또래 교수에 활용할 학습 자료를 제작할 수 있는 환경을 구축했습니다.

패들렛을 활용한 국제교류 공간 제작

다음으로 프로젝트를 위한 교사와 학생의 기초 역량을 강화하는 과정을 진행했습니다. 담당인 저도, 국제교류를 함께 진행해주실 선생님들에게도 국제교류는 낯선 주제였습니다. 그래서 국제교류에 대한 전문성 강화는 필수였습니다. 또한 국제교류에 사용될 많은 에듀테크에 관해서도 연구가 필요했습니다. 학생들도 스마트기기의 비밀번호를 키보드로 치는 것조차 어려워하였기 때문에 스마트기기에 대한 전반적인 기초 역량 강화가 필요했습니다. 기초 역량 강화라는 것이 각 에듀테크의 로그인 방법, 사용 방법을 간단히 익히는 것을 의미합니다.

담당 교사인 저는 국제교류 직무연수를 이수했습니다. 이 연수를 통해 그동안 국제교류를 해오셨던 많은 선생님의 사례를 들을 수 있었습니다. 그리고 해외학교를 어떻게 매칭하는지부터 다양한 국제교류 수업 수업사례까지 들을 수 있었습니다. 이 연수를 듣고 나서 제가 1년 동안 어떻게 국제교류를 진행해야 할지 계획을 구체적으로 세울 수 있었습니다. 하지만 사실 선생님들께서 평소에 접할 수 있는 국제교류에 관한 연수가 많이 없는 것이 사실입니다. 제가 들은 연수는 전북특별자치도교육청에서 국제교류를 추진하는 과정에서 새로 생겨난 연수였습니다. 지속적으로 있는 연수가 아닙니다. 그래서 제가 책을 쓰는 와중에도 국제교류 관련 연수를 찾아보았습니다. 하지만 원하는 연수를 찾기 어려웠습니다. 이런 이유로 지금 내가 쓰고 있는 이 책이 많은 선생님에게 더욱 필요할 수 있겠다는 생각이 듭니다.

그리고 웨일북을 활용한 스마트기기 활용 연수를 이수했습니다. 이를 통해 웨일북을 어떻게 국제교류 수업에 활용할지에 대한 다양한 노하우를 얻을 수 있었습니다. 이처럼 제가 진행할 프로젝트와 관련한 연수를 찾아 들으니 기존에 들었던 연수보다 재미있고 유용하게 들었습니다.

동시에 세계 친구 M.E.E.T 프로젝트에 적합한 교육과정 재구성을 위한 협의회 진행했습니다. 국제교류 수업에 대한 정해진 교육과정 지침이 없었기 때문에 경험이 많은 동료 선생님들의 다양한 의견을 구해 교육과정을 재구성하는 과정이 필요했습니다.

웨일북 및 웨일 스페이스 기초 교육 진행

학생들에게는 스마트기기에 대한 기초 역량 강화 교육을 진행했습니다. 학생들이 웨일 스페이스 로그인을 어려워하여 로그인하는 방법부터 지도가 필요했습니다. 많은 학생이 영어와 숫자, 특수문자로 이루어진 아이디와 비밀번호를 입력하는 방법의 숙달이 필요했습니다. 중간놀이 시간, 점심시간 등을 활용하여 각자 아이디와 비밀번호를 외우고 로그인하는 과정을 학생들이 숙달될 때까지 반복시켰습니다.

원활한 국제교류 수업을 위해서는 학생들이 다양한 에듀테크를 활용할 수 있어야 합니다. 그래서 패들렛, 캔바, 리딩앤, 파파고의 사용법을 학생들에게 지도했습니다. 학생들이 스마트기기에 익숙하므로 로그인과 사용 방법 같은 기초지식만 알려주면 나머지는 학생들 스스로 에듀테크를 익히는 모습을 보였습니다.

그리고 국제교류 수업의 목표 중 하나인 공동체 의식 함양을 위한 세계시민교육을 진행했습니다. 현재 지구촌의 문제가 무엇이 있는지 살펴보고 다양한 갈등 상황을 어떻게 해결할 수 있는지 알아보았습니다. 그리고 우리가 앞으로 진행할 국제교류를 통해 문화 다양성, 상호 이해, 배려 등을 배울 수 있다는 점을 학생들에게 안내했습니다.

M 단계의 마지막은 바로 학교 메타버스 국제교류공간을 구축하는 것이었습니다. 이때 저는 학생들이 메타버스 공간을 제작하는 방법을 배우고 직접 만들어야 학생들의 프로젝트 참여 주체성이 높아질 수 있을 것으로 판단했습니다. 그래서 다음과 같은 수업을 구상하여 초처초등학교 메타버스 공간을 구축했습니다.

<table>
<tr><td>활동명</td><td colspan="2">우리 학교 가상공간 만들기</td><td rowspan="2">성취 기준</td><td>3~4 학년</td><td>5학년</td><td>6학년</td></tr>
<tr><td>학습 목표</td><td colspan="2">메타버스의 기본 개념을 이해하고 가상의 우리 학교를 제작할 수 있다.</td><td>[4미 02-04]</td><td>[6미 02-03]</td><td>[6영 02-03]</td></tr>
<tr><td rowspan="3">주요 활동</td><td>1단계</td><td colspan="5">○메타버스의 기본 개념 학습
○ZEP Edu의 이해</td></tr>
<tr><td>2단계</td><td colspan="5">○ZEP Edu의 기초 학습</td></tr>
<tr><td>3단계</td><td colspan="5">○우리 학교, 우리 교실을 관찰하고 메타버스 공간에 재현하기</td></tr>
<tr><td rowspan="3">평가 계획</td><td>3~4학년</td><td colspan="3">[미술] ZEP Edu를 활용하여 가상공간에 우리 학교 제작을 계획할 수 있는가?</td><td rowspan="3">평가 방법</td><td rowspan="3">관찰 평가</td></tr>
<tr><td>5학년</td><td colspan="3">[미술] ZEP Edu를 활용하여 가상공간에 우리 학교를 구체화할 수 있는가?</td></tr>
<tr><td>6학년</td><td colspan="3">[미술] ZEP Edu를 활용하여 가상공간에 우리 학교를 구체화할 수 있는가?</td></tr>
</table>

1차시에서 학생들은 메타버스의 기본 개념 학습을 학습했습니다. 학생들에게 메타버스는 현실 세계처럼 사회, 경제, 문화 활동이 이루어지는 가상의 세계를 뜻하는 것을 지도했습니다. 그리고 네이버에서 만든 메타버스 플랫폼 ZEP Edu를 소개하고, 학생들이 학교의 메타버스 공간을 직접 만들어 세계 친구를 초대하는 활동을 진행할 것이라고 안내했습니다. 학생들이 생각보다 메타버스의 개념을 쉽게 받아들이고 수업에 흥미를 느끼는 것에 놀라웠습니다. 수업이 끝난 뒤에 학생들에게 질문하였습니다.

"어떻게 그렇게 쉽게 메타버스에 대해 이해할 수 있었니?"

제 질문에 답한 학생들의 이야기에 저는 많이 놀랐습니다.

“제가 자주 하는 게임과 비슷해서 이해하기 쉬웠습니다. 게임 속에서 다른 지역의 친구들도 만나고 심지어 다른 나라 친구들과 게임을 하기도 해요.”

이렇게 학생들은 언제나 제가 생각했던 것보다 놀라운 잠재력을 가지고 있습니다.

친구와 같이 메타버스 공간을 제작하는 모습

그다음으로 ZEP edu 기초 배우기에 대해 학습했습니다. 자신의 아바타 꾸미기 방법, 메타버스 공간에서 소통하는 방법, 메타버스 공간을 활용하는 방법, 빈 맵에서 오브젝트 배치 방법, 포털 생성 방법 및 배치 방법, 프라이빗 공간 제작 방법, 스포트라이트 지정 방법 등 국제교류를 위한 가상공간 제작에 꼭 필요한 기능들을 지도했습니다. 저는 처음에 학생들이 많이 어려워할 줄 알았습니다. 하지만 학생들은 의외로 쉽게 이해하였습니다. 다른 교과도 이렇게 쉽게 이해하면 얼마나 좋을까요….

기능을 학습한 후 실제 초처초등학교를 전체적으로 관찰하고 그와 비슷하게 오브젝트를 배치하여 가상의 초처초등학교 메타버스 공간을 학생들이 직접 제작했습니다. 모둠별로 역할을 분배하여 각각의 공간을 제작한 다음 그 공간들을 포털로 연결하는 방식으로 공간을 제작했습니다.

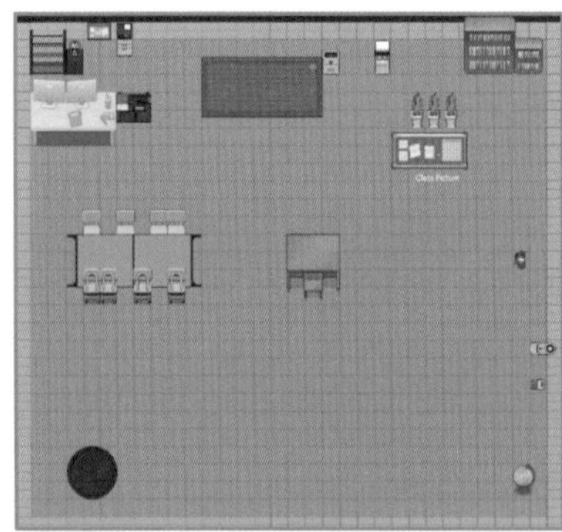

3학년 메타버스 교실

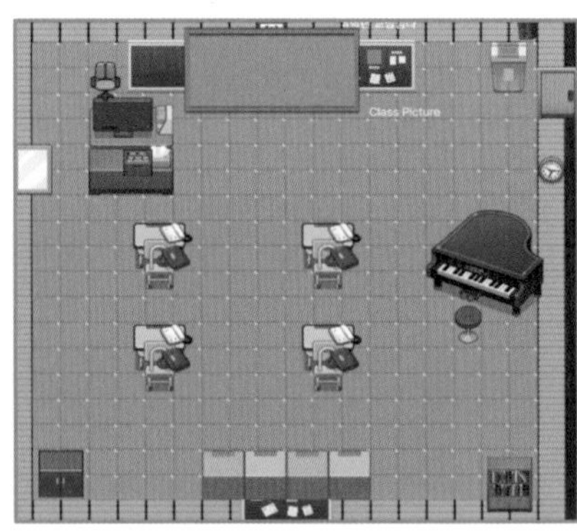

4학년 메타버스 교실

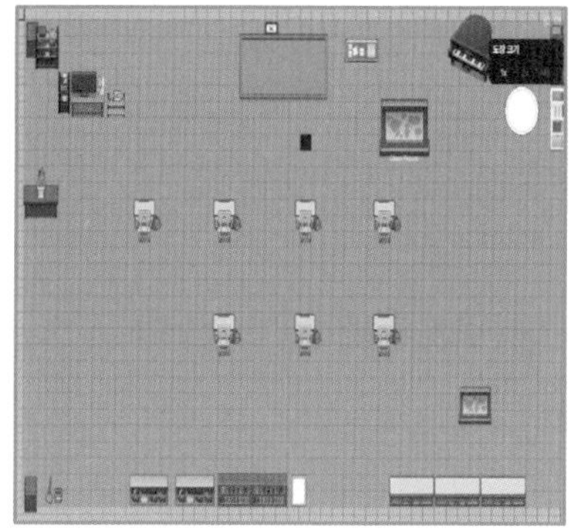

5학년 메타버스 교실

6학년 메타버스 교실

학생들이 가상의 공간을 만드는 것에 굉장히 높은 흥미를 보여주었고 그 결과물은 놀라웠습니다. 저는 사실 이렇게 높은 수준으로 공간을 완성할지 몰랐었습니다. 아이들의 잠재 능력은 역시 시켜보기 전까지는 모르는 법입니다. 실제로 저는 저 공간 배치에 하나도 손을 대지 않았습니다. 오롯이 학생들이 스스로 해낸 결과물입니다.

이렇게 학교 메타버스 공간을 제작하면 국제교류 수업뿐만 아니라 다양한 수업에도 활용할 수 있습니다. 예를 들어 미술 시간에 완성한 작품을 메타버스 공간에 전시하고 학교 내 다양한 학년을 초대해 전시회를 할 수 있습니다. 또는 체육 시간에 표현한 움직임을 녹화한 다음 메타버스 공간에 전시하여 다른 반에 참고하거나 움직임 전시회를 개최할 수 있습니다. 이처럼 수업 후 결과물을 메타버스 공간에 전시하면 시·공간의 제약을 받지 않고 다수의 인원이 참여하는 것이 가능합니다.

3

E.E단계:
에듀테크를 국제교류에 활용하자!

프로젝트의 2단계는 E.E 단계입니다. 이 단계에서는 에듀테크를 활용하여 영어 의사소통 능력을 기르고 국제교류 수업을 준비합니다. 여기서 한 가지 주의할 점은 에듀테크는 국제교류 수업을 위한 도구이지 본질이 아닙니다. 에듀테크를 활용하되 국제교류에 집중할 수 있도록 학생들을 지도해야 합니다.

E.E단계는 총 2가지 활동으로 진행되었습니다. 영어 의사소통 능력 높이는 활동과 국제교류를 위한 다양한 자료를 제작하고 준비하는 과정입니다. 자세한 진행 내용은 다음과 같습니다. 영어 의사소통 능력을 위한 에듀테크는 리딩앤(ReadingN)을 사용했는데 이는 도교육청이 국제교류하는 학교에 유료 이용권을 제공해줘서 사용할 수 있었습니다. 이런 여건이 안 되는 학교는 AI 펭톡을 사용하시면 됩니다. 제가 2개 모두 사용해본 결과 같은 교육적 효과를 학생들에게 제공합니다.

리딩앤(ReadingN)은 AI를 활용한 학생의 영어 실력을 간단히 테스트합니다. 이때 학생이 정답을 체크하는 시간, 오답 유형, 발음, 독해 능력 등 다양한 변수를 AI가 분석하여 학생의 영어 실력 수준을 판단합니다. 그 후 수준에 맞는 책을 추천하여 수준별 영어 학습을 할 수 있게 하는 에듀테크입니다. 자신의 영어 실력 수준에서 원하는 책을 골라 1단계 단어를 사진으로 익히고 2단계에서는 내용을 상상하며 듣는 과정을 진행합니다. 3단계에서는 책의 본문이 제시되고 원어민의 음성에 따라 책을 같이 읽게 됩니다. 이때 모르는 단어에 대한 한글 해석은 제공되지 않습니다. 이는 앞뒤 문맥에 맞춰 뜻을 유추하게 하여 더 많은 영어단어를 외울 수 있도록 도와줍니다. 4단계는 말하기 연습입니다. 원어민의 발음을 듣고 내가 발음해보고 내 발음 상태를 듣고 평가받을 수 있습니다. 마지막으로 퀴즈를 통해 내용을 정리합니다. 학생들은 자신의 실력에 맞춰서 영어 공부를 진행할 수 있어서 만족도가 높았고 원어민 발음을 듣고 따라 말할 수 있어서 내 영어 발음 향상에 도움이 많이 되었다고 응답했습니다. EBS english에서는 AI 영어교육프로그램인 AI 펭톡을 무료로 지원하고 있습니다. AI 펭톡도 리딩앤과 마찬가지로 레벨 테스트를 진행하고 단어학습, 듣기, 읽기, 말하기 단계가 학습자의 수준에 맞게 지원됩니다. 이를 활용하면 리딩앤을 대체하여 활용할 수 있습니다.

파파고를 활용하는 방법을 학생들에게 지도하여 언제 어디서든 이를 활용하여 세계 친구와 소통할 수 있도록 의도했습니다. 온라인 대면으로 세계 친구와 소통하다 보면 다양한 주제에 관해 이야기할 수 있습니다. 이때 학생들은 자신의 영어 수준을 벗어난 질문을 받거나, 질문하고 싶을 때 파파고를 활용하여 소통할 수 있습니다. 대부분 학생이 파파고를 알고 있었으나 이를 적절하게 사용하는 방법은 모르고 있었습니다. 따라서 교사는 2가지 상황에서 파파고를 적절히 사용할 수 있는 방법을 지도했습니다.

첫 번째는 서로 얼굴을 보며 이야기하는 상황에서 파파고를 사용하는 방법을 지도했습니다. 말할 내용을 생각하고, 말하고 싶은 내용을 한글로 파파고에 입력하고, 번역된 언어를 말하고, 친구의 이야기를 듣고 모르는 내용을 메모하고, 모르는 내용을 번역해서 이해하는 과정으로 학생들에게 지도했습니다. 학생들은 각자 가상의 상황을 설정해서 대화할 때 파파고를 사용하는 것을 연습했습니다.

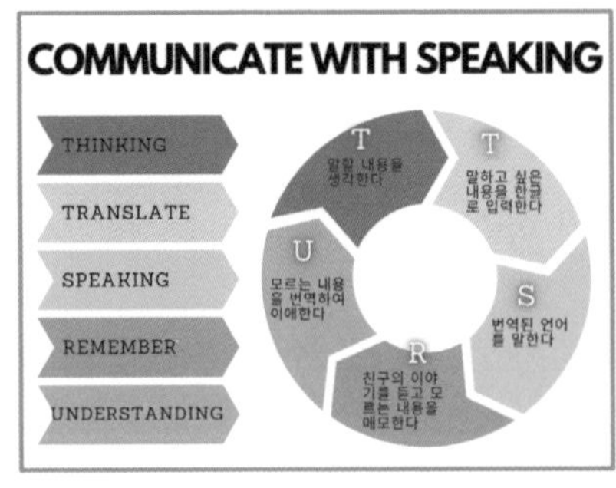

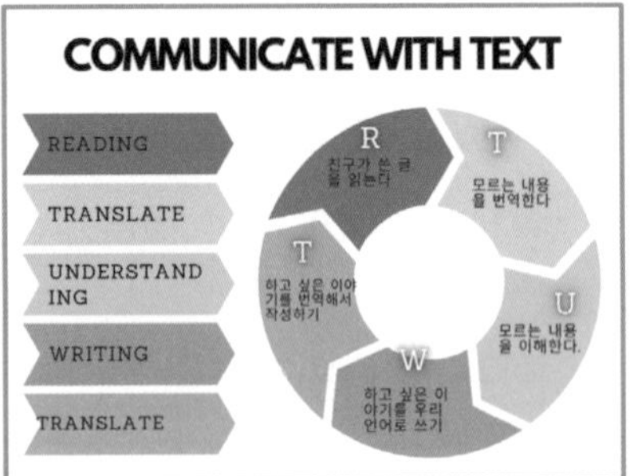

2가지 상황에 대비한 파파고 활용 방법

두 번째 상황은 글로 소통할 때 파파고를 사용하는 방법을 알려주었습니다. 친구가 쓴 언어를 복사하는 방법, 복사한 언어를 파파고에 붙여 넣는 방법 등 기본적인 방법부터 내가 하고 싶은 말을 한글로 입력하고 번역된 언어를 복사하여 친구에게 전달하는 방법 등을 알려주었습니다. 학생들은 파파고를 학습한 후 영어 소통이 훨씬 편해졌다고 이야기합니다.

다음으로 에듀테크를 활용하여 국제교류 수업을 준비했습니다. 첫 번째로는 파파고와 젭에듀(Zep edu)를 활용하여 온라인 비대면 교류 준비했습니다. 파파고를 활용하여 말레이시아 친구들에게 간단한 자기소개부터, 친구에게 궁금한 것들을 편지에 작성했습니다.

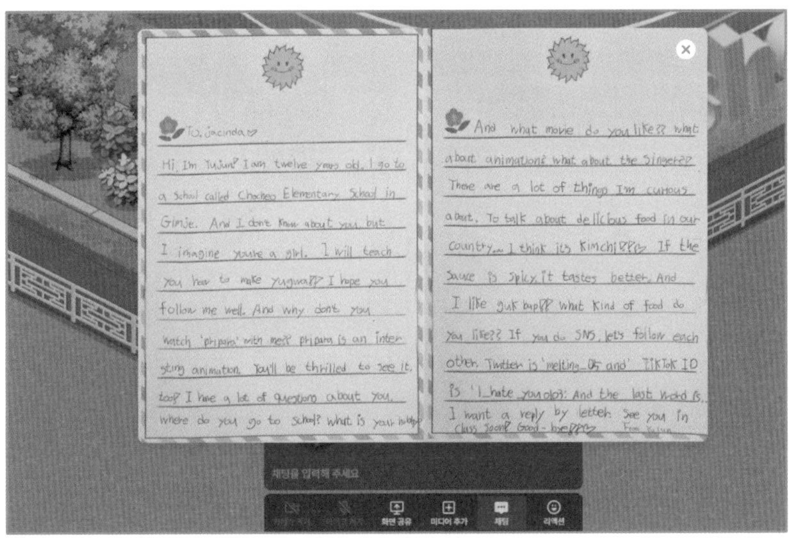

메타버스 공간에 편지 업로드

그리고 작성한 편지를 웨일북을 활용하여 사진을 찍고 편집하여 메타버스 공간에 업로드했습니다. 젭에듀(Zep edu)에는 오브젝트에 이미지 삽입 기능이 있어 이를 활용하여 업로드를 하였고 오브젝트 위치와 모양은 본인이 선택했습니다. 이후에 말레이시아 학생들은 자신에게 온 편지 찾기 활동을 메타버스 공간 안에서 진행할 수 있었습니다.

캔바(Canva)의 경우 가입한 아이디로 교육용을 인증 받으면 학생들을 초대하여 무료로 다양한 자료를 만들 수 있습니다. 학생들이 1시간 정도 사용 방법을 익히면 스스로 자료를 만들 수 있을 정도로 간편한 인터페이스와 다양한 기능을 캔바는 제공합니다. 캔바를 활용하여 학생들이 수업자료를 스스로 계획하고 준비했습니다.

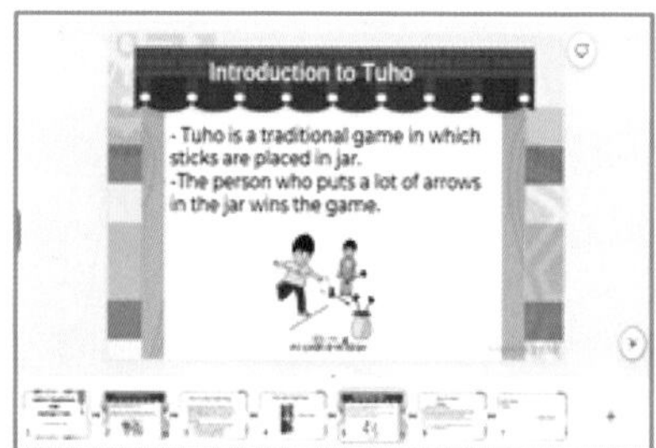

캔바를 활용한 수업자료 만들기

학교에서 국제교류를 진행할 때 서로 학교 간 자료를 공유하는 것으로 가장 많이 사용하는 에듀테크 중 하나는 패들렛입니다. 패들렛은 간단하게 자료를 업로드할 수 있고 다운로드할 수 있습니다. 저도 이 패들렛을 활용하여 다양한 수업자료, 학교 소개, 학생들의 다양한 사진을 공유하였습니다. 예산이 넉넉하다면 패들렛을 월정액으로 구독하여 진행하는 것을 추천해 드립니다. 유료 서비스를 구독하면 업로드할 수 있는 파일 크기가 늘어나서 다양한 영상과 용량 높은 자료도 공유할 수 있습니다. 요즘은 학교 정보 예산으로 구독료를 지급할 수 있습니다.

이렇게 열심히 준비하였지만 생각지도 못한 변수가 생겼습니다. 말레이시아 학교에서는 학생 1인당 1스마트기기가 지원 가능한 환경이었습니다. 그리고 메타버스에 관해 굉장히 흥미로운 반응을 보였고 수업 방식도 혁신적으로 평가하여 적극적으로 참여하였습니다. 반면 뉴질랜드에서는 1인 1스마트기기를 활용하기 어려운 상황이었고 메타버스에 대한 이해도 어려워했습니다. 그래서 1학기 말레이시아와의 온라인 국제교류는 세계친구 M.E.E.T 프로젝트에서 계획한 대로 진행되었고 2학기 뉴질랜드와의 온라인 국제교류는 메타버스를 적극적으로 활용하기보다는 기존 줌(ZOOM) 수업과 같은 방식으로 온라인 국제교류 수업이 이뤄졌습니다. 따라서 다음에 소개드릴 T단계는 세계친구 M.E.E.T 프로젝트 계획대로 된 말레이시아와의 온라인 국제교류 수업을 예를 들어 설명드리겠습니다.

4

—

T단계:
2가지 방법으로 국제교류를 진행하자!

3번째 T단계는 두 가지 방법으로 국제교류를 진행하여 세계시민성을 높이는 단계입니다. 즉 본격적인 국제교류 수업을 진행하는 단계입니다. 다음 표를 통해 대략적인 T단계를 살펴보도록 하겠습니다.

<table>
<tr><td>수업명</td><td>세계친구와 국제교류</td><td rowspan="4">성취
기준</td><td>3~4
학년</td><td>5학년</td><td>6학년</td></tr>
<tr><td rowspan="3">학습
목표</td><td rowspan="3">온라인으로 말레이시아 친구를 만나 문화교류를 할 수 있다.</td><td>[4국
03-04]</td><td>[6국
01-05]</td><td>[6국
01-05]</td></tr>
<tr><td>[4영
02-06]</td><td>[6영
02-07]</td><td>[6영
02-07]</td></tr>
<tr><td>[4체
03-02]</td><td>[6음
02-02]</td><td>[6실
02-10]</td></tr>
<tr><td rowspan="2">주요
활동</td><td>① 1st way: 온라인 비대면(Untact) 국제교류 활동</td><td colspan="4">○ 학교 메타버스 공간을 통한 편지 교류
○ 패들렛을 활용한 사진 교류
○ 말레이시아 친구들에게 컬처 박스 보내기
○ 말레이시아 친구들에게 컬처 박스 받기</td></tr>
<tr><td>② 2nd way: Zep Edu를 통한 온라인 대면(Ontact) 국제교류 수업 진행하기</td><td colspan="4">○ 각 나라의 전통놀이 상호 교류하기
○ 각 나라의 전통음식 상호 교류하기
○ 각 나라의 전통음악 상호 교류하기</td></tr>
</table>

평가 계획	3~4학년	[국어]세계친구에게 자신의 마음을 표현하는 편지를 작성할 수 있는가?	평가 방법	자기 평가 관찰 평가 지필 평가
		[영어] 영어를 활용하여 세계친구와 간단한 인사를 나눌 수 있는가?		
		[체육] 세계친구와 두 나라의 전통놀이를 할 수 있는가?		
	5학년	[국어] 전통음악과 K-POP을 세계친구에게 효과적으로 소개할 수 있는가?		
		[영어] 세계친구와 온라인으로 일상 대화를 할 수 있는가?		
		[음악] 다른 나라의 전통음악을 듣고 느낀 점을 친구와 이야기할 수 있는가?		
	6학년	[국어] 전통음식을 세계친구에게 효과적으로 소개할 수 있는가?		
		[영어] 세계친구와 온라인으로 일상 대화를 할 수 있는가?		
		[실과] 세계친구와 유과를 조리해서 먹을 수 있는가?		

첫 번째 방법은 온라인 비대면으로 국제교류 활동을 진행하는 것입니다. 온라인 비대면 국제교류 활동으로는 학교 메타버스 공간을 활용한 편지 교류, 패들렛을 통한 사진 교류, 서로 컬처박스 교환하기 과정으로 진행하였습니다.

활동 1. 학교 메타버스 공간을 통한 편지 교류

단순히 편지지를 이메일이나 패들렛을 통해 교류하는 방법보다 학교 메타버스 국제교류 공간을 활용하면 학생들의 자기 주도성과 흥미도가 높아질 것으로 판단했습니다. 그래서 학교 메타버스 공간에 오브젝트를 배치하고 해당 오브젝트에 편지 사진을 삽입하여 각 나라의 학생들이 자신에게 온 편지를 찾는 활동으로 구성하였습니다. 학생들이 편지지가 숨겨진 물건 앞에서 F 버튼을 눌러 숨겨진 편지를 확인하고, 편지를 읽으며 교류 활동을 진행했습니다.

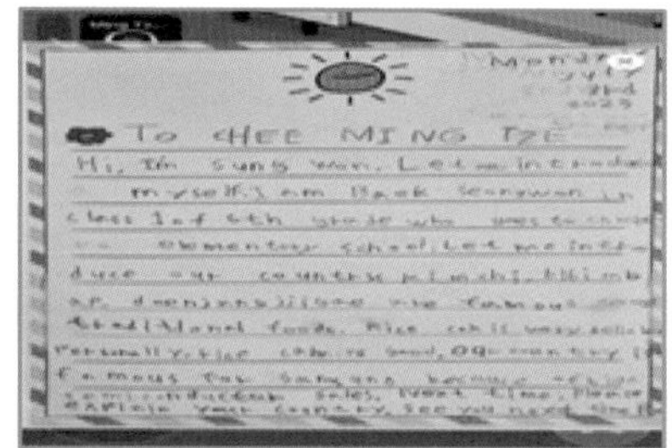

메타버스 공간을 돌아다니며 나에게 온 편지 찾는 모습

〈학교 메타버스 공간을 활용한 편지 교류 후 학생 반응〉

"웨일북을 활용해서 편지를 쓰고 찍고 바로 업로드를 할 수 있어서 너무나 편리했어요."
"그냥 편지 교류를 하는 것보다 메타버스 공간에서 편지교류를 하니 흥미가 생기고 게임을 하는 것처럼 재미있었습니다."
"I will learn how to exchange letters online and continue to use this method to interact with Korean friends. I'm having a wonderful time."(말레이시아 학생 반응)

활동 2. 패들렛을 활용한 사진 교류

학생들은 서로의 사진을 패들렛에 업로드하고 확인하는 방식으로 사진을 통한 국제교류를 진행했습니다. 서로 실시간으로 만나기 전 친밀감을 형성하고 서로의 모습을 확인하는 시간이었습니다.

〈패들렛을 활용한 사진 교류 후 학생 반응〉

"개인별 웨일북을 가지고 패들렛에 로그인하여 원하는 사진을 교류할 수 있어서 교류 활동이 부담이 적고 편했습니다."
"사진 속에 나와 편지를 주고받은 학생이 사진에 있다는 사실에 놀라웠습니다. 얼른 실시간으로 만나고 싶다는 생각이 들었습니다."
"It's so fun and fascinating to be able to interact in various ways."
(말레이시아 학생 반응)

활동 3. 컬처박스 교환을 통한 국제교류

컬처박스 교환을 통해 학생들이 각 나라의 전통 놀이, 물건을 눈으로 직접 보고 온라인 국제교류 수업 때 사용할 수 있도록 준비하여 유의미한 국제교류 수업이 될 수 있도록 의도하였습니다.

한국의 컬처박스는 전통 놀이 물품인 투호, 재기를 준비했습니다. 또한 K-POP 앨범 4장을 준비하였고, 한국의 전통음식 만들기에 사용할 유과 만들기 세트와 전통 과자인 약과를 준비했습니다. 제가 이 활동을 하고 나서 후회되는 부분은 바로 구도가 잘 잡힌 컬처박스 사진을 찍지 못한 점입니다. 저는 막상 열심히 물품을 준비해놓았는데 사진을 엉성하게 찍으니 나중에 보고서를 제작할 때 사용할 수 있는 사진이 많이 없어 아쉬웠습니다. 여러분들도 국제교류를 진행하시고 나면 보고서를 작성하시거나 다른 사람들 앞에서 발표하게 될 기회가 많이 생길 것입니다. 그런 순간을 대비해 한눈에 볼 수 있는 켤쳐 박스 사진을 찍어두시면 좋습니다.

말레이시아에서는 반대로 전통 놀이인 Batu(바투)와 Bottle Cap(보틀 캡)을 준비해주셨습니다. Batu(바투)는 한국 공기와 비슷하더라고요!. Bottle Cap(보틀 캡)은 우리나라에서 알까기와 비슷한 방법으로 하는 놀이입니다. 또 Batick Painting(바틱 페인팅)을 할 수 있는 키트를 보내주셨는데 이것도 학생들과 온라인 수업 때 굉장히 재미있게 하였습니다. 말레이시아에서 온 컬처박스도 사진을 제대로 찍어두지 못해 아쉬웠습니다.

말레이시아에서 받은 물품들, Batu(바투)와 batik painting(바틱 페인팅)

국제교류를 위한 두 번째 방법은 젭에듀(Zep Edu)를 통한 온라인 대면으로 진행하는 방법입니다. 온라인 대면 국제교류 수업은 말레이시아 학생들과 3일에 걸쳐서 총 6차시로 이루어졌습니다. 3일 동안 각 학교 학생들은 3그룹으로 나뉘어서 총 6가지 주제를 3일 동안 교류했습니다. 다음 표를 보시면 수업의 방식이 조금 이해가 될 겁니다.

	Day 1 [4~5차시]			Day 2 [6~7차시]			Day 3 [8~9차시]		
Ⓚ	3,4 Grade	5 Grade	6 Grade	3,4 Grade	5 Grade	6 Grade	3,4 Grade	5 Grade	6 Grade
	↕	↕	↕	↕	↕	↕	↕	↕	↕
Ⓜ	A group	B group	C group	C group	A group	B group	B group	C group	A group
Ⓚ	전통놀이	음악	전통음식	전통놀이	음악	전통음식	전통놀이	음악	전통음식
	↕	↕	↕	↕	↕	↕	↕	↕	↕
Ⓜ	전통놀이	음식, 언어, 음악	전통의상, 전통미술	전통의상, 전통미술	전통놀이	음식, 언어, 음악	음식, 언어, 음악	전통의상, 전통미술	전통놀이

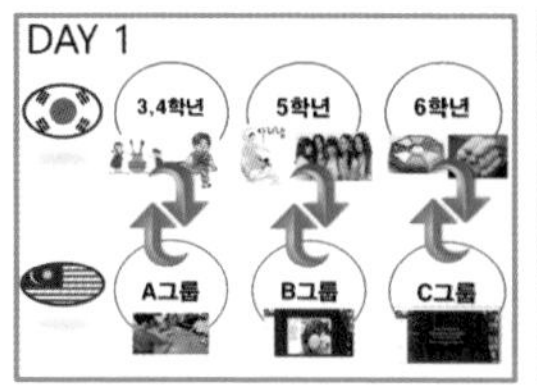

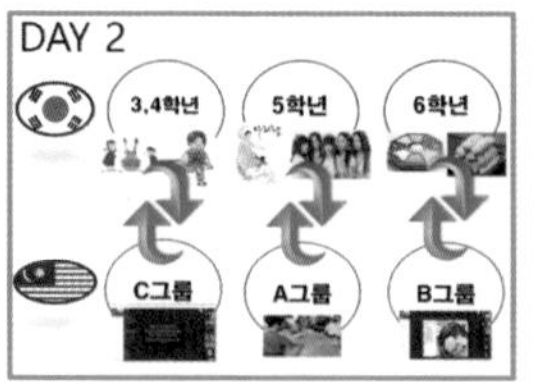

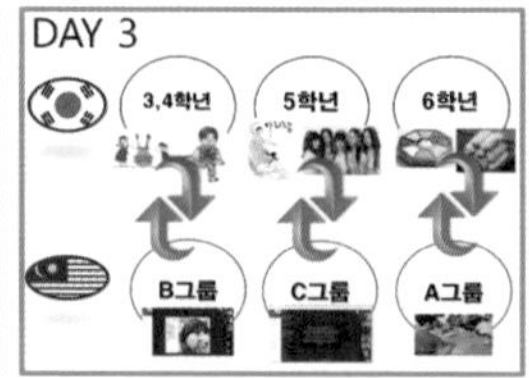

그리고 또래 교수 방법을 사용하여 교사가 내용을 지도하고 학생들이 대답하는 방식이 아니라 학생들이 스스로 만든 자료를 활용하여 말레이시아 친구에게 우리나라의 문화를 알려주고, 반대로 말레이시아 친구가 우리 학생들에게 자기 나라의 문화를 알려주는 방식으로 진행되었습니다. 이를 통해 학생들은 주체적으로 세계 친구와 국제문화교류를 진행할 수 있었습니다.

수업을 시작하기 전 각 나라의 학교장 인사말로 국제교류 수업을 시작했습니다. 각 학교장은 인사말을 할 때 캐릭터가 마이크 앞에 서야 스포트라이트(모든 사람에게 발표하는 사람이 제일 상단에 뜨는 기능)를 받을 수 있습니다. 다른 학생들과 교사들은 가상 운동장에 모여 학교장의 인사말을 들었습니다. 이렇게 하니 실제 아침 조회하는 듯한 기분이 들었습니다. 학교장 인사말이 끝나고 학생들끼리 서로 자기를 소개하는 시간을 가졌습니다. 이때 여러 학생이 동시에 말하게 되면 오디오가 겹치게 됩니다. 따라서 순서를 정해 말하게 해야 합니다.

자기소개가 끝난 후 서로의 어색함을 풀기 위해 저는 아이스 브레이킹 가상 체육 활동을 준비했습니다. 준비한 활동은 색칠하기와 똥 피하기 활동하였습니다. 학생들은 이 활동을 같이하면서 서로 웃으며 어색함을 풀 수 있었습니다.

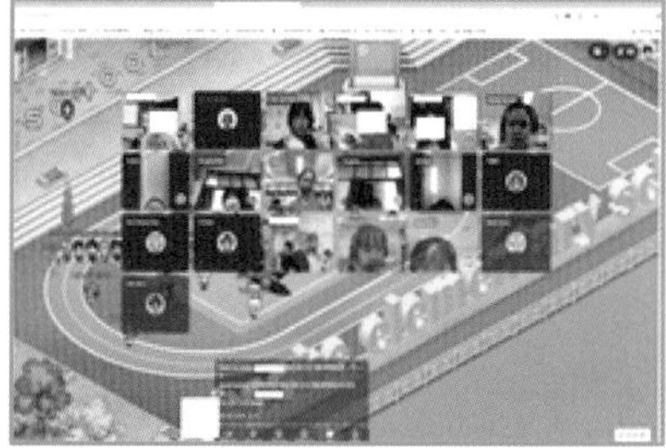

학교장 인사 및 자기소개 시간

가상 체육 활동을 통한 아이스브레이킹 시간

전통놀이 투호 던지기 시범

투호를 경험하는 말레이시아 학생

그 후 본격적으로 문화교류 수업이 시작되었습니다. 3, 4학년 교실에서는 서로의 전통 놀이를 알려주는 시간을 가졌습니다. 우리 학교 학생들은 제기차기와 투호를 준비하였고 말레이시아 학생들은 batu(바투)와 bottle cap(보틀 캡) 전통 놀이를 준비해주었습니다. 서로 하는 방법을 알려주고 같이 해보는 활동을 통해 뜻깊은 문화교류 시간이 되었습니다.

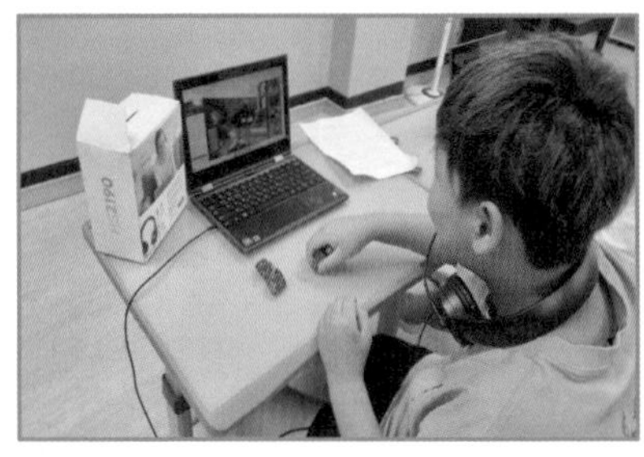

바투(batu)를 배우는 모습

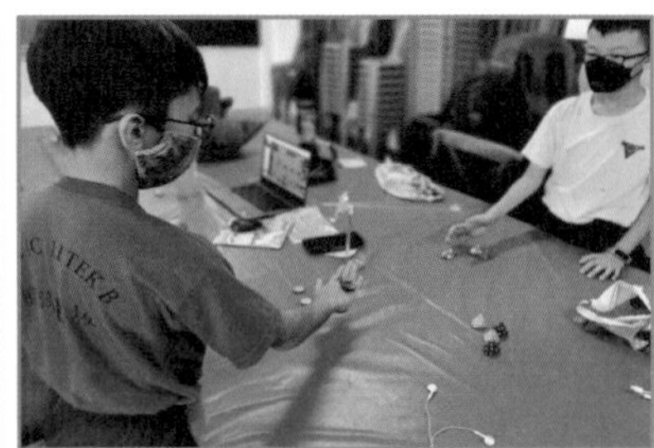

바투(batu)를 알려주는 모습

5학년 학생들은 우리나라의 전통음악인 아리랑과 K-POP(케이팝)에 대해 말레이시아 학생들에게 알려주었습니다. 아리랑을 알려주고 말레이시아 학생들과 같이 완창하는 모습까지 보며 너무나 뿌듯했습니다. K-POP(케이팝) 같은 경우 뉴진스의 〈Hype boy〉 춤을 우리 학교 한 친구가 알려주었는데 말레이시아 학생들도 곧잘 따라 하며 재미있는 시간이 되었습니다. 말레이시아 친구들은 이 시각에 말레이시아의 전통음악과 말레이시아의 인사말을 우리 학생들에게 알려주었습니다. 이를 배운 우리 학생들은 방과 후까지 말레이시아 노래를 흥얼거릴 정도로 흥미를 느꼈습니다.

같이 아리랑을 불러요

내가 바로 뉴진스~! 날 따라 해요

6학년 학생들은 우리나라의 전통음식을 소개하고 같이 유과를 만들어 보는 활동으로 진행했습니다. 첫날에는 유과를 만들고 맛있게 먹다가 3일 내내 유과를 만드니 나중에는 유과를 먹기 싫어하는 우리 학생들이 기억이 납니다. 말레이시아 학생들도 제가 미리 보내준 유과 만들기 세트를 활용해서 우리의 설명을 듣고 동시에 유과를 만들어보았습니다. 유과가 너무 맛있었다는 말레이시아 학생들이 반응이 기억납니다. 말레이시아 학생들도 이 시간에 자신들의 전통음식을 소개해주었습니다.

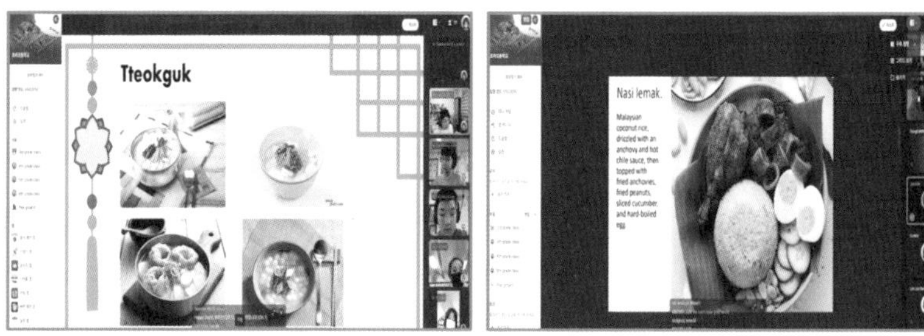

한국 전통음식 소개

말레이시아 전통음식 소개

6학년 학생들과 말레이시아 친구들이 유과를 만드는 모습

이런 방식으로 3일 동안 말레이시아 학생들이 교실을 바꿔가며 국제교류 수업이 이루어졌습니다. 어느새 우리 학생들은 말레이시아 친구들과 정이 들기도 했습니다. 나중에 서로 인스타 아이디도 물어보고 하더라고요.

뉴질랜드와 2학기 때 국제교류 수업은 간단한 형식으로 이뤄졌습니다. 말레이시아와 국제교류 수업같이 3그룹으로 나눠 동시에 진행하는 방식이 아닌 모두 한 공간에 모여 교류를 진행하였습니다. 그래도 서로 적극적으로 임하였고 멋진 국제교류 활동이 되었습니다. 특히나 이후에 연계되어 뉴질랜드로 국제교류 수업 연계 해외현장체험학습을 떠나게 되었을 때, 화면에서 보았던 친구들을 실제 오프라인으로 만나 서로 이야기하고, 교류를 진행하여 더욱 의미가 깊은 활동이었습니다.

뉴질랜드 친구들에게 보낸 한국 컬처박스

뉴질랜드 친구들이 제기차기와 투호를 하는 모습

끝으로 제가 국제교류 수업을 진행하면서 많은 선생님께서 줌(ZOOM)으로 하는 국제교류와 메타버스로 진행하는 국제교류가 무슨 차이가 있는지 궁금해하셨습니다. 사실 메타버스라는 거창한 이름이 붙긴 했지만 본질적으로는 수업을 진행하는 방식은 줌(ZOOM)과 같은 화상회의 시스템과 비슷합니다. 하지만 제가 메타버스를 활용하여 국제교류 수업을 쭉 진행하면서 느낀 화상회의 시스템과의 차별 점은 다음과 같습니다. 첫 번째로 학생들의 호기심과 흥미를 자극합니다. 메타버스 시스템이 기본적으로 게임과 비슷한 구조로 되어있어 학생들이 굉장히 재미있어합니다. 두 번째로는 가상의 공간에서 학생이 자신의 캐릭터를 조작하여 세계 친구와 만나는 과정에서 프로젝트 수업 참여의 주체성이 높아집니다. 자신이 발표할 때는 본인의 캐릭터를 움직여서 칠판 앞으로 나가고, 다른 친구들이 발표할 때는 내 캐릭터를 책상 앞으로 이동시키면서 실제 수업을 듣는 듯한 느낌을 받았다고 학생들은 이야기합니다. 그리고 젭에듀(Zep Edu)의 프라이빗룸 기능을 활용하면 일정 공간에서는 그 공간에 있는 사람들끼리만 이야기할 수 있습니다. 이 기능을 사용하여 학생들끼리 1:1 또는 2:2로 매칭하여 국제교류를 진행할 수 있다는 장점도 가지고 있습니다.

5

—

우리 아이들이 달라졌어요

그렇다면 과연 국제교류는 양적으로 학생들에게 어떤 변화를 가져왔을까요? 저는 이를 확인하기 위해 3가지 검사를 하였습니다. 첫 번째는 에듀테크 활용 능력 사전-사후 대응 표본 T-검증을 시행하였습니다. 결과지는 제가 자체 제작하였습니다. 그 결과는 다음과 같습니다.

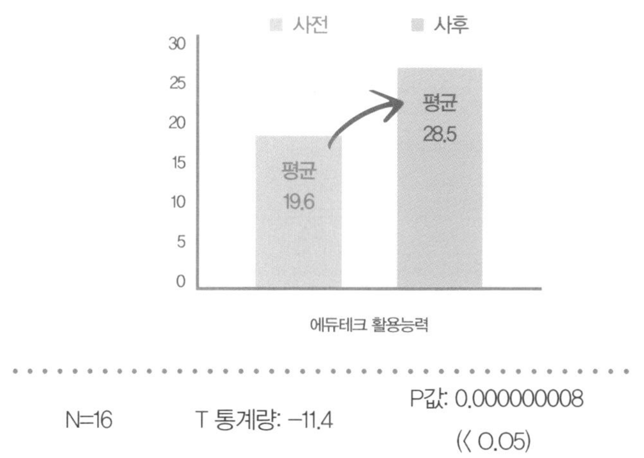

✓ 학생들의 에듀테크 활용 능력 사전-사후 결과를 비교하기 위해 대응 표본 T-검증을 활용하였다. P값이 0.05보다 작으므로 통곗값은 유의미하다.

✓ 프로젝트 전 학생들 에듀테크 활용 능력은 35점 만점에 사전 평균 점수는 19.6이었다. 반면 프로젝트 이후 에듀테크 활용 능력 평균 점수는 28.5로 8.9점이 상승한 것을 알 수 있다.

✓ 이를 통해 〈Whale을 타고 세계 친구 M.E.E.T 프로젝트〉는 학생들의 **에듀테크 활용 능력 향상에 유의미한 역할**을 하는 것을 알 수 있다.

결괏값에서도 알 수 있듯이 학생들의 에듀테크 활용 능력은 향상되었습니다. 이 결과를 보고 너무나 뿌듯함을 감출 수 없었습니다. 이 같은 능력의 성장은 교사가 관찰을 통해서도 알 수 있었는데요. 처음에 웨일스페이스 로그인도 못 하던 우리 학생들이 이제는 웨일북을 꺼내서 알아서 로그인하고 메타버스에 접속하는 모습, 캔바를 저보다 자유자재로 잘 다루는 모습 등을 확인하면서 역시 학생들은 습득이 빠른 것을 다시 한번 느낄 수 있었습니다.

두 번째 검사는 영어 의사소통 능력 사전-사후검사였습니다. 영어 의사소통 능력은 리딩앤에서 제공하는 AI-레벨테스트를 활용했습니다. 검사 결과는 다음과 같습니다.

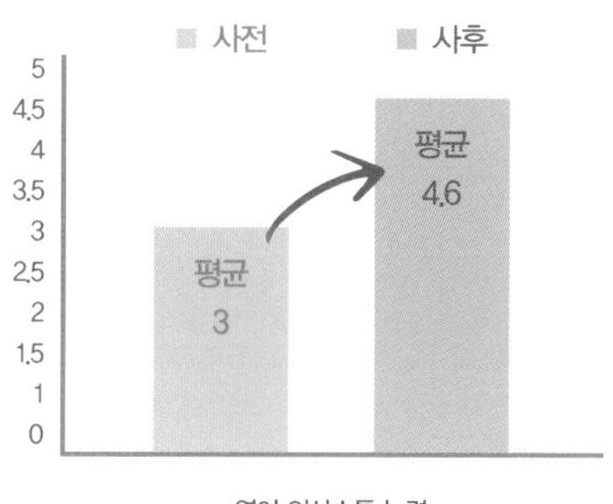

✓ 학생들의 영어 의사소통 능력 사전-사후 결과를 비교하기 위해 리딩앤 영어 AI 레벨 테스트를 활용하였다.
✓ 프로젝트 전 학생들의 영어 의사소통 능력 레벨은 평균 3레벨이었다. 반면 프로젝트 이후 영어 의사소통 능력 레벨은 평균 4.6으로 1.6레벨이 평균적으로 상승한 것을 알 수 있다.
✓ 이를 통해 〈Whale을 타고 세계 친구 M.E.E.T 프로젝트〉는 학생들의 **수준별 영어 의사소통 능력 향상에 유의미한 역할**을 하는 것을 알 수 있다.

이럴 수가! 학생들의 영어 의사소통 능력이 향상되었음을 확인할 수 있었습니다. 극적인 변화는 아니지만, 영어 의사소통 능력 향상을 이루었습니다. 이 변화도 중요했지만, 교사가 느끼기에 가장 중요한 변화는 학생들의 영어 학습에 대한 동기 유발이었습니다. 학생들이 국제교류 수업을 진행하면서 영어에 대한 학습 동기가 분명히 증가하였습니다. 이에 대한 양적 검사는 진행하지 않았지만, 학생들이 다음과 같은 반응을 보였습니다.

"아 조금 더 영어를 잘했으면 다양한 것들을 이야기 나눌 수 있었을 텐데 아쉽다."

실제로 국제교류 수업 이후 교내에서 진행된 독서 행사에서 몇몇 학생들이 영어 회화책을 신청하는 모습을 보며 너무나 뿌듯함을 느꼈습니다.

세 번째 검사로 세계시민성이 향상되었는지를 사전-사후검사를 했습니다. 세계시민성을 양적 검사를 진행하는 것에 대한 어려움이 많았습니다. 그 이유는 세계시민성을 무엇으로 측정해야 하는지에 대한 막막함도 있었습니다. 하지만 많은 자료조사를 통해 '박현정 외(2021). 2021 다문화가정 대상 국가와의 교육 교류사업성과 측정 도구 개발, APCEIU, 81-82'를 참고하여 세계시민성 양적 자료를 만들었고 검사를 진행하였습니다.

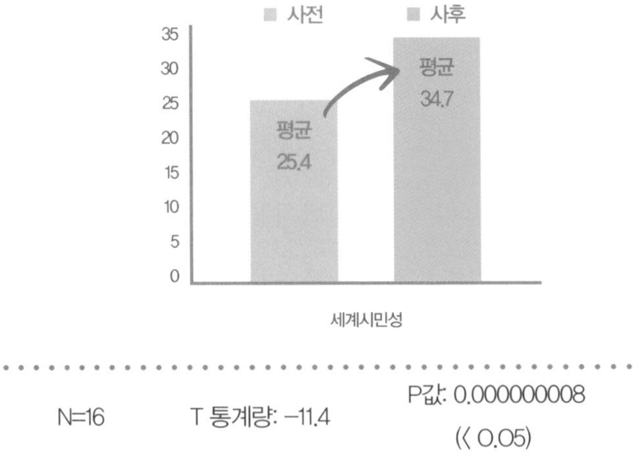

N=16	T 통계량: -11.4	P값: 0.000000008 (<< 0.05)

✓ 학생들의 세계시민성 사전–사후 결과를 비교하기 위해 대응 표본 T–검증을 활용하였다. P값이 0.05보다 작으므로 통곗값은 유의미하다.
✓ 프로젝트 전 학생들의 세계시민성 양적 지표는 45점 만점에 사전 평균 점수는 25.4였다. 반면 프로젝트 이후 세계시민성 양적 지표는 평균 34.7로 9.3점이 상승한 것을 알 수 있다.
✓ 이를 통해 『Whale을 타고 세계 친구 M.E.E.T 프로젝트』는 학생들의 **세계시민성 향상에 유의미한 역할**을 하는 것을 알 수 있다.

세계시민성은 사전 25.4에서 34.7로 큰 폭으로 증가한 것을 확인할 수 있었습니다. 우리 시골 학생들이 말레이시아 친구들을 만나 이야기하는 과정에서 다른 나라 친구들과 만나서 친구가 될 수 있음을 깨달은 것이 가장 주요했다고 생각합니다. 또한 말레이시아 학생들의 문화를 살펴보며 세상에 다양한 문화가 존재한다는 것을 책이 아닌 눈으로 확인한 경험은 우리 학교 학생들의 생각을 완전히 바꿔놓기에 충분하였습니다.

국제교류 수업 이후 학생들에게 어떤 변화가 있었는지 질적으로 검사하기 위해 인터뷰하였습니다. 많은 학생이 제가 의도한 방향으로 학생들의 질적 변화가 느껴져서 이 프로젝트가 가치가 있음을 다시 한번 느끼게 되었습니다.

에듀테크 활용 역량 부분에서 학생들은 다음과 같이 응답했습니다.

메타버스 공간에서 말레이시아 친구와 같이 이야기도 하고, 게임도하고 문화교류 수업도 너무 재미있었습니다. 앞으로도 리딩앤을 활용하며 영어실력을 높이고, 파파고를 사용해서 세계여러나라 친구들과 이야기 할것 입니다.

"앞으로도 리댕앤을 활용하여 영어 실력을 높이고
파파고를 사용해서 세계 여러 나라 친구들과 이야기할 것입니다."

처음으로 해본 국제교류 수업이라 무척 떨렸지만, 여러 친구들을 만나 즐거웠습니다. 이때까지 사용한 스마트기기의 다양한 기술들을 기억을 해서 나중에 써야겠다.

"이번에 배운 스마트기기의 다양한 기술들을 앞으로도 자주 활용해야겠다."

소감: 과학기술이 많이 발전했다는걸 느꼈고 정말 재밌고 신기했다. 다른나라의 친구들의 얼굴과 목소리를 들을수 있는게 좋았다.
활용: 이 기술을 활용해 각 나라의 청소년들이 소통했으면 좋겠다.

"이 기술들을 활용해 각 나라의 청소년들과 소통하겠다."

학생들이 응답한 것들을 쭉 살펴보면 학생들의 에듀테크 활용 자신감이 상승하였고, 프로젝트 이후에도 자기 주도적으로 에듀테크를 활용하여 세계 친구와 소통하겠다는 것을 통해 에듀테크 활용 능력이 높아졌다는 것을 알 수 있었습니다.

다음은 영어 의사소통 능력에 대한 질적 검사를 시행하였습니다.

영어에 대한 자신감이 올라갔고 세계 친구와 간단한 인사를 주고받을수 있게되었습니다.

"영어에 대한 자신감이 올라갔고 세계 친구와 간단한 인사를 주고받을 수 있게 되었습니다."

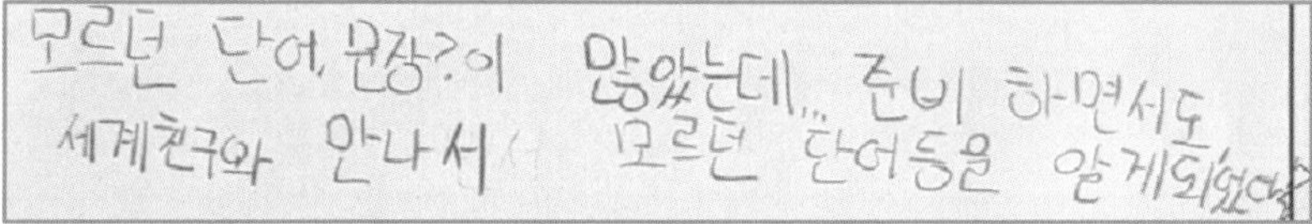
모르던 단어, 문장?이 많았는데... 준비 하면서도 세계친구와 만나서 모르던 단어들을 알게되었어요

"모르는 단어, 문장이 많았는데 준비하면서도,
세계 친구와 만나면서도 모르던 단어들을 많이 알게 되었어요."

발음이 좀 더 자연스러워지고 김치/떡국을 소개하며 말한 영어들이 익숙해지게 됐다. 그리고 많이 듣다-보니 이해력이 높아졌다.

"발음이 좀 더 자연스러워지고 김치, 떡국을 소개하며 말한 영어들이 익숙하게 됐다.
그리고 많이 듣다 보니 이해력이 높아졌다."

학생들의 영어 의사소통의 자신감이 향상되었고, 모르는 영어단어를 알게 되고, 수업을 진행하며 다양한 영어 문장을 듣고 말하는 과정에서 영어 이해력이 높아졌다고 이야기했습니다. 이를 통해 영어 의사소통 능력이 향상되었음을 알 수 있었습니다.

마지막으로 세계시민성의 변화에 대한 질적 연구 검사 결과입니다.

우리나라 문화뿐만 아니라 다양한 문화가 있다는 것을 알았고 세계 다양한 사람과 친구가 될수있다는 것을 깨달았습니다.

"우리나라 문화뿐만 아니라 다양한 문화가 있다는 것을 알았고
세계 다양한 사람과 친구가 될 수 있다는 것을 깨달았습니다."

모르고 있던 문화를 알게된 후, 제가 모르던 문화가 않다고 생각했습니다.

"모르고 있던 문화를 알게 된 후 제가 모르던 문화가 많다고 생각했습니다."

예전에는 세계의 친구들에 대해 우리와 많이 다르다고 생각하고, 나와는 거리가 멀다고 느꼈는데 국제 교류 수업을 하며 내가 가지고 있던 편견이 없어지고 세계 친구들도 우리와 다른점도 있지만 공통점도 많다는것을 알게 됐고 다른나라의 문화도 좀더 많이 알고 싶다는 생각이 들었다.

"예전에는 세계의 친구들에 대해 우리와 많이 다르다고 생각하고 나와는 거리가
멀다고 느껴졌는데 국제교류 수업을 하여 내가 가지고 있던 편견이 없어졌다."

인터뷰에서 학생들이 세계 다양한 사람과 친구가 될 수 있음을 이해하는 모습을 보였습니다. 또한 세계의 다양한 문화가 존재하는 것을 직접

경험하였고 다른 문화에 대해 가지고 있던 편견이 없어졌다고 대답했습니다. 이를 통해 세계시민성이 향상되었음을 알 수 있었습니다.

국제교류 수업을 진행하며 학생들은 세계에 다양한 친구들과 문화가 존재한다는 사실과 그 문화들마다 고유한 특징이 있다는 것을 자연스럽게 깨닫게 되었습니다. 물론 한 번의 프로젝트 수업으로 세계 시민이 되었다고 할 수는 없지만, 이 수업을 통해 학생들이 '더불어, 미래를' 열어가는 세계 시민이 될 수 있는 계기가 되었음을 확신합니다.

영재교육원이든 학급이든 가능하다!

강민희 교사의
국제교류 수업 운영 사례

1

영재 수업에서 국제교류 수업을 준비해보자

국제교류 수업은 대부분 학교나 학급 단위로 운영됩니다. 하지만 영재교육원에서도 국제교류 수업은 가능합니다. 미래에 글로벌 리더로 활동할 영재 학생들에게 국제교류 수업은 세계시민성을 길러줄 수 있는 좋은 활동이라고 생각합니다.

제가 2023년 강사로 재직했던 영재교육원에서는 영재 학생들의 글로벌 의사소통 능력 향상 및 문제해결력 발달을 위해 국제교류 수업을 운영했습니다. 저는 논술 · 독서토론 영재반의 18차시 수업 중 세 차시를 국제교류 수업으로 운영하였고, 교육청 행사로 영재 글로벌 캠프를 통해 교류 수업을 함께한 학생들과 교사들을 만날 기회가 있었습니다. 마지막에는 비대면 교류로 패들렛을 활용하여 활동 소감을 나누며 국제교류 수업을 매듭지었습니다. 짧지만 의미 있고 기억에 남았던 과정을 자세하게 소개하겠습니다.

영재 수업에서 국제교류 수업 계획하기

대부분 영재교육원은 개강식 전 협의회를 통해 수업 계획서 작성 및 교재 개발을 합니다. 2023학년도 저에게 주어진 영재 수업은 여섯 번, 총 18차시였습니다. 저는 연초에 국제교류 수업과 연관시킬 수 있는 세계시민교육을 전체적인 테마로 잡고 수업 계획을 세웠습니다.

월	일	차시	소주제	준비물	비고
5월	5월 9일	1~3/18	• UN이 제시한 17가지 SDGs 살펴보기 • SDGs 요소 선택 및 중요성 글쓰기 • 책 읽기 과제 제시	교재 및 관련 도서, 필기도구	
	5월 16일	4~6/18	• 동물원의 순기능과 역기능 간단 글쓰기 • 찬반토론식 독서 토론 방법 알기 • '동물원은 필요한가?'로 자유 토론하기		
	5월 23일	7~9/18	• 〈나 엄마 딸 맞아?〉 책의 구절 살펴보기 • '우리나라는 단일민족인가?'에 대해 의견 나누기 • 우리나라의 문화 조사하여 발표하기 • 교류국 문화를 정리하여 공유하기		국제 교류
	5월 30일	10~12/18	• 지속가능에너지가 무엇인지 알아보기 • 우리 지역의 지속가능에너지 현황 조사하여 교류 및 발표하기		국제 교류
6월	6월 13일	13~15/18	• 해양오염의 원인과 바다생물에 미치는 영향 조사하기 • 플라스틱을 줄이는 방안 공유하기 (교류) • 생활 속 플라스틱 줄이기 실천하기	교재 및 관련 도서, 필기도구	국제 교류

6월	6월 20일	16~18/18	• 자율주행자동차 책을 읽으며 새롭게 알게 된 내용 정리하기 • 트롤리 딜레마 토론하기 • 자율주행 자동차의 딜레마 토론하기	교재 및 관련 도서, 필기도구	

개강 전 세웠던 영재교육 수업 계획

저는 지속가능개발목표(SDGs)를 기반으로 영재 수업을 계획했습니다. 하지만 이후 교류학교 선생님과의 협의를 통해 주제를 변경하게 되었고, 현지 학교의 사정에 따라 수업 일자도 변경하게 되었습니다.

교류학교와 매칭하기

학급이나 학교 단위로 국제교류 수업을 하는 경우 교사가 교류학교를 개인적으로 구해야 하는 경우가 많습니다. 하지만 제가 참여했던 영재교육원 국제교류 수업의 경우 교육청 단위의 사업이기 때문에 학교 매칭은 3월에 이미 완료된 상태였습니다. 말레이시아 페낭에 위치한 학교로, 담당 선생님의 위챗(Wechat) 아이디를 받아서 제가 먼저 연락을 했습니다.

3월에는 학생 수, 나이, 수업이 가능한 시간 등을 위챗을 통해 소통했습니다. 첫 수업이 5월에 있었기에 4월 중순에는 구글 미트(Google Meet)로 만나서 수업 관련 협의를 했습니다.

교류 선생님과의 첫 만남

4월 중순에 있었던 미팅에서는 정확한 수업 일정, 주제, 수업 방식에 관련하여 논의했습니다. 영재교육원 일정상 수업 가능한 일자와 시간이 정해져 있었고, 말레이시아 선생님이 다행히 일정을 맞춰주어서 어렵지 않게 협의할 수 있었습니다.

국가	일시	학생 정보
영재교육원(한국)	5월 16일, 5월 30일, 6월 13일(3시 10분, 말레이시아 시간 기준)	8명, 초등학교 5,6학년
말레이시아 학교		14명, 9–12세

국제교류 수업 예정 일자 및 학생 정보

한국에서 열리는 영재 글로벌 캠프로 6월 15일부터 22일까지는 대면으로 만날 기회가 있어 3차시의 국제교류 수업을 캠프 전으로 모두 배정했습니다. 이 날짜들은 이후에 국제교류 수업을 진행하면서 계속 바뀌게 되었습니다. 계획 변경에 대한 유연한 대처 능력은 해외학교와의 국제교류 수업에서 중요한 요소라고 생각합니다. 협의를 거쳐 결정된 계획에 따라 업무를 추진하는 한국 학교와는 달리 해외학교는 계획에 대한 상당한 유연성을 가지고 있는 것을 경험했습니다. 그래서 일자나 수업 내용에 대한 계획이 변경될 때 당황하지 않고, 차선책을 마련해 두었다가 제시하는 것도 중요했습니다.

수업 일시와 학생 정보를 교환한 후에는 세 차시의 온라인 국제교류 수업에 관한 주제를 함께 논의했습니다. 국제교류 수업이 처음인 저와는 다르게 말레이시아 선생님은 10년 가까이 해오신 경력자였습니다. 하지만 제 의견을 많이 수용해주려고 노력해주었고, 다음과 같은 주제를 설정할 수 있었습니다.

첫 번째 차시	학교 소개 및 자기소개
두 번째 차시	한국과 말레이시아의 문화 소개(포스터 제작 및 발표)
세 번째 차시	한국과 말레이시아의 길거리 음식 소개

국제교류 수업 주제 설정

다양한 주제 수업을 하려고 했던 계획과는 다르게 여러 가지 이유로 문화 교류 및 친교 활동 위주로 수업을 계획하게 되었습니다. 첫째, 영재교육원에서 글로벌 영재 캠프를 운영하여 학생들이 실제로 대면 교류를 할 기회를 제공하였기에 학생들 개개인과의 관계 형성 및 친구 만들기 활동에 집중해도 좋겠다고 생각했기 때문입니다. 교류수업의 목적으로는 〈다문화 수용성 증진 및 글로벌 의사소통 능력 향상〉으로 설정했습니다.

둘째, 총 6일, 18차시라는 영재교육원 수업의 제한점에서 비롯되었다고도 볼 수 있습니다. 문화 교류와 주제수업을 모두 하기에는 시간적 제약이 있었기 때문입니다. 혹시 학급, 학교 단위의 수업을 운영하시려는 선생님께서는 초창기에는 문화교류 중심, 후반기에는 주제 수업 중심으로 운영하시는 것도 추천합니다.

저는 문화 교류 및 친교활동 중심의 국제교류 수업을 최대한 논술 · 독서토론 영재반 수업에 맞게 운영하기 위해 학생들과 다문화 및 환경 관련 책을 읽고 심화 수업을 통합하여 운영하였습니다.

2

—

영재교육원,
세계와 만나다

첫 수업 전 준비하기

① 말레이시아 국가, 학교와 학생 소개

첫 번째 차시 전에 학생들에게 교류 국가에 대한 설명 및 학교 소개, 학생 소개를 간략하게 먼저 해주는 것이 좋겠다는 생각이 들었습니다. 교류국가의 문화를 알고 있어야 교류 과정에서 문화적 차이로 발생하는 실수 등을 예방할 수 있고, 학생들의 몰입도 또한 향상시켜줄 수 있기 때문입니다. 말레이시아의 음식, 기후, 자연, 언어, 여행지 등의 다양한 문화에 대한 좋은 자료를 준비해 30분 정도 소개 시간을 갖고, 말레이시아 간식도 준비해 학생들과 나눠 먹는 시간을 가졌습니다. 더불어 교류 전 말레이시아 선생님과 교환한 소개 파일을 활용하여 말레이시아의 학교와 학생 소개를 간략하게 진행하였습니다.

② 첫 만남 자기소개 준비

서로 자기소개를 하고 궁금한 점을 질문할 수 있는 수업을 구성하기로 협의하였기 때문에 학생들이 각자 자기소개를 할 수 있도록 준비를 해야 했습니다. 학생들에게 한국어로 1분 정도의 자기소개를 작성하도록 하고, 영어로 번역하는 작업을 거쳤습니다. 대부분 인터넷 번역기의 도움을 받았고, 번역기 오류로 의사소통이 잘못되는 경우를 방지하기 위해 학생들이 적은 내용을 다시 수정해주었습니다. 그 후에는 실제로 읽어보고 연습해보는 시간을 가졌습니다.

첫 교류수업으로 세계와 소통하기

① 수업 순서

첫 국제교류 수업이라 말레이시아 선생님과 수업 순서를 정교하게 계획했습니다. 교육장님께서 오셔서 인사말을 해주시는 순서도 있어서 더욱 자세한 계획이 필요했습니다. 제가 진행한 순서는 이렇습니다.

교사 소개 및 교육장님 소개

교육장님 말씀(축사)

② 수업 운영

말레이시아 선생님께서 제가 전체적인 진행을 하길 원하셔서 사회를 보게 되었습니다. 먼저 간단하게 제 소개를 했습니다. 예정되어 있던 교육장님 축사는 미리 대본을 받아서 영어로 번역해 준비했습니다. 교육장님께서는 한국어로 축사하시고, 그 뒤에 말레이시아 학생과 선생님들을 위해 제가 영어로 통역해주었습니다. 그 후에는 말레이시아 선생님의 학교 소개 및 교사 소개가 이어졌습니다. 소개 활동에서는 이전에 주고받았던 프레젠테이션 파일을 활용했습니다.

온라인 교류 수업 장면

말레이시아 학교에서는 1인 1기기를 준비하는 데 어려움이 있어 학생 소개를 프레젠테이션 파일로 만들어 교사가 한 명씩 소개해주고, 학생들은 카메라 앞에서 손을 흔드는 형식으로 진행되었습니다. 영재교육원에서는 2인 1기기로 준비하였고, 미리 준비한 자기 소개문을 학생 한 명, 한 명 차례로 읽었습니다.

다음으로 질문 시간(Q&A)을 가졌습니다. 영재 학생들은 스스로 준비한 질문과 더불어 제가 준비한 질문 리스트를 보고 적극적으로 질문 시간에 참여했습니다.

〈질문지 예시〉

What is your favorite animal? 네가 가장 좋아하는 동물이 뭐야?

웟츠 유어 페이버릿 애니몰?

What is your favorite singer? 네가 가장 좋아하는 가수는 누구야?

웟츠 유어 페이버릿 싱어?

What is your favorite food? 네가 가장 좋아하는 음식은 뭐야?

웟츠 유어 페이버릿 푸드?

What is your favorite sport? 네가 가장 좋아하는 스포츠는 뭐야?

웟츠 유어 페이버릿 스포츠?

What is your favorite subject? 네가 가장 좋아하는 과목은 뭐야?

웟츠 유어 페이버릿 서브젝트?

What is your favorite colour? 네가 가장 좋아하는 색깔은 뭐야?

웟츠 유어 페이버릿 컬러?

What is your favorite board game? 네가 가장 좋아하는 보드게임은 뭐야?

웟츠 유어 페이버릿 보드게임?

Do you know any Korean food? 아는 한국 음식이 있니?

두유 노우 애니 코리안 푸드?

Do you like playing sports? 운동하는 것을 좋아하니?

두유 라잌 플레잉 스포츠?

Do you like singing songs? 노래하는 것을 좋아하니?

두유 라잌 싱잉 송스?

Do you like dancing? 춤추는 것을 좋아하니?

두유 라잌 댄싱?

Do you like running? 달리는 것을 좋아하니?

두유 라잌 러닝?

Do you like travelling? 여행하는 것을 좋아하니?

두유 라잌 트레블링?

Do you like spicy food? 매운 음식을 좋아하니?
두유 라잌 스파이시 푸드?
Do you have pets? 키우는 반려동물이 있니?
두유 해브 펫츠?
Do you have brothers or sisters? 형제, 자매가 있니?
두유 해브 브라더스 올 시스터스?
What do you want to be? 나중에 커서 뭐가 되고 싶니?
웟 두유 원 투 비?
What do you do on weekends? 주말에 주로 뭘하니?
웟 두유 두 온 위켄즈?

말레이시아에서는 다수가 한 기기를 사용하고 있어서 답변해주고 싶은 친구가 앞으로 나와서 답변하는 형식으로 진행되었습니다. 말레이시아 학생들은 한국의 음식, K-POP 등 문화와 관련하여 많은 질문을 던졌습니다. 영재원 학생들이 답변할 때에는 음성이 겹치는 것을 방지하기 위해 답하고 싶은 친구들이 손을 들고 답할 수 있도록 지도했습니다.

마지막으로 수업을 마치기 전에 패들렛 과제를 제시했습니다. 패들렛 과제는 제가 말레이시아 선생님께 제안한 것이었습니다. 실시간 국제교류 수업을 자주 할 수 없으니 학생들이 일상생활에서도 교류하고 소통할 수 있는 장을 만들어주고 싶었기 때문입니다. 다음 국제교류 수업이 있을 때까지 틈틈이 교류할 수 있도록 패들렛을 만들어 과제와 함께 제시했습니다.

① 수업 전 준비

두 번째 국제교류 수업은 5월 말에 이루어졌습니다. 수업 주제가 한국 문화소개였기 때문에 국제교류 수업 일주일 전에 학생들과 함께 한국 문화를 나누어 각자 조사하고 포스터를 만들어보는 시간을 가졌습니다. 학생들은 두 명씩 짝을 나누어 한국 명소, 음식, K-POP, 한국어에 대해 포스터를 만들고, 소개하기 위한 대본을 작성하여 영어로 연습했습니다. 학생들이 만든 포스터입니다.

한국 문화소개 포스터 제작하기

수업 전날 말레이시아 선생님과 마지막으로 협의 시간을 가지면서 말레이시아 학교가 현재 방학 중임을 알게 되었습니다. 말레이시아 학생들은 각자 집에서 수업에 참여할 예정이라 말레이시아 문화에 대한 소개가 이루어질 수 없다고 하셨습니다. 당황스러웠지만 국제교류 수업에서 유연성의 중요함을 되새기며 영재반 학생들만 발표하고 말레이시아 학생들은 질문하는 형식으로 진행하기로 협의했습니다. 수업 이후에 말레이시아 학생들은 음식 문화를 소개하는 영상을 보내주었습니다.

② 수업 운영

영재 학생 발표 장면

영재반 아이들이 순서에 맞게 한국 문화를 소개했습니다. 특히 한국어에 대한 반응이 뜨거웠습니다. 말레이시아 교사와 학생들이 글로벌 캠프 참여로 곧 한국에 입국할 예정이라서 그랬던 것 같습니다. 영재 학생들이 한국어를 천천히 말해주면 열심히 따라 하는 모습이 인상 깊었습니다. 모든 발표가 끝난 후에는 Q&A 세션을 가졌습니다. 한국 음식이나 한국어에 관한 질문이 많았습니다. 글로벌 캠프에서 곧 만날 생각에 학생들과 교사들 모두 설레었던 기억이 납니다.

글로벌 캠프를 통해 세계와 만나기

제가 재직했던 영재교육원에서는 6월 중 일주일간 문제해결력 향상을 위한 글로벌 캠프를 운영했습니다. 저는 캠프 지원 교사로 글로벌 캠프 마지막 날 영재교육원 학생 및 해외 학생들 모두와 함께하는 Friendship day를 운영했습니다. 이 책의 다른 저자인 이창근 선생님과 함께 예체능 활동을 위주로 한 친교 활동을 구성했습니다. 저희가 한 활동으로는 문화 OX 퀴즈, 2인 3각 달리기, 판 뒤집기, 엽서 채색 및 편지 쓰기 활동이 있었습니다. 모두 학교에서 자주 쓰이는 포맷으로 학생들이 글로벌 캠프의 마지막 날을 기념하고 더욱더 친해질 수 있는 활동을 구성하고자 노력했습니다. 이 중에서도 가장 반응이 좋았던 것은 역시 체육 활동이 가미된 2인 3각 달리기와 판 뒤집기 게임이었습니다. 학생들이 모두 열정적으로 참여했던 기억이 납니다. 더불어 문화 OX 퀴즈는 학생들의 다문화 감수성을 높이고, 서로를 깊게 이해할 수 있게 해주었습니다. 마무리 활동으로는 차분한 마음으로 엽서를 채색하고 서로에게 편지를 써 주는 활동으로 마무리 지었습니다.

세 번째 교류수업으로 세계와 소통하기

마지막 수업인 세 번째 온라인 교류 수업은 글로벌 캠프 직후에 이루어졌습니다. 말레이시아 선생님과 협의하여 글로벌 캠프를 함께 참여한 소감을 구글 패들렛에 업로드하기로 했습니다. 영재 수업에서 하는 국제교류는 학급에서 운영되는 국제교류 수업과는 다르게 시간의 제약이 많은 편이라 국제교류 수업을 위해 준비할 수 있는 시간이 부족합니다. 그래서 비실시간 교류를 적절히 혼합하여 운영하는 것이 하나의 운영 방법입니다.

영재 학생들은 글로벌 캠프에서 경험한 것을 되돌아보고 느낀 점을 구글 패들렛에 기록했습니다. 학생들은 말레이시아 학생들이 주고 간 간식을 함께 나눠 먹으며 고마움을 패들렛으로 표현하기도 하고, 글로벌 캠프에서 만난 친구들에게 그림을 선물해 주기도 했습니다.

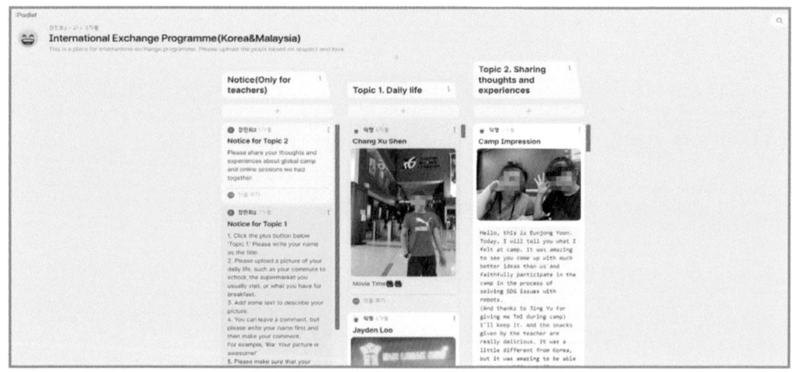

패들렛 활용 예시

국제교류 수업과 창의적 산출물 발표대회 연결 짓기

저는 영재 수업을 국제교류와 연계하여 운영하였기에 학생들의 창의적 산출물 발표대회와도 연결 짓고자 했습니다. 학생들끼리 영재 수업을 하면서 가장 기억에 남는 활동에 대해 브레인스토밍하는 과정을 갖도록 하였고, 그 결과 학생들은 말레이시아의 문화를 소개하는 책을 만들기로 했습니다.

영재 학생들은 말레이시아 소개 책을 캔바 프로그램을 활용해 완성하여 이를 바탕으로 하여 창의적 산출물 발표대회에 참가했습니다.

지금까지 영재 교실에서의 첫 교류 수업부터 산출물대회까지 이어지는 과정이었습니다. 제가 운영했던 논술 · 독서토론 영재 교실 외에도 수학, 과학, 정보 등 많은 분야에서 국제교류 수업은 가능할 것입니다. 교구를 파트너 학교에 미리 보내 활용하는 수업, 프로젝트 수업 등 국제교류 수업을 영재 수업에 접목할 방법은 무궁무진해 보입니다. 제 사례가 영재교육원에서 국제교류 수업을 시도해보고 싶은 선생님들께 조금이나마 도움이 되었으면 좋겠습니다.

3

도시 학교에서 국제교류를 진행하는 5가지 팁

제가 재직하고 있는 학교는 도시에 있는 대규모 학교로 교육열이 높은 학군에 속해있어 대체로 학생들의 영어 실력이 뛰어난 편입니다. 그래서 처음 국제교류 수업을 시작할 때 영어권 나라와의 교류를 생각하였으나 학생들 간의 영어 실력 차이를 고려하여 비영어권 국가와 교류를 하기로 했습니다. 알콥 국제교류 학교 네트워크인 ISNet과 구글 검색을 활용하여 약 20여 개의 학교에 메일을 보냈고, 그중 말레이시아와 필리핀 학교에서 답장이 왔습니다. 두 학교 중 답장이 먼저 왔던 말레이시아 학교와 파트너십을 맺기로 하고 1년간 국제교류 수업을 운영했습니다. 실시간, 비실시간을 모두 포함하여 10번의 수업을 운영하였고, 자세한 수업의 순서는 다음과 같습니다.

차시	주제	수업 방법
0	• 말레이시아 학교와 학생 소개 • 말레이시아 문화 관련 책 읽기 및 퀴즈 대회	준비 수업
1	All about Me(학교 및 자기소개)	실시간 교류
2	My Daily Life	비실시간 교류(패들렛)
3	School Life	실시간 교류
4	School Life Q&A	비실시간 교류(패들렛)
5	컬처박스 교환	비실시간 교류(우편)
6	Travel to Korea and Malaysia(지역 명소 및 축제 소개)	비실시간 교류(Canva 제작)
7	Where do you want to go?	비실시간 교류(패들렛)
8	Cooking Class(다식 만들기)	실시간 교류
9	Traditional Music and Instruments	실시간 교류

10번의 수업 중 제가 소개해드릴 수업은 1차시, 3차시, 6차시 수업입니다. 수업을 소개하기 전 제가 전체적으로 수업을 진행하면서 얻은 팁들을 공유하고자 합니다.

Tip 1. Google Classroom 개설

구글 클래스룸은 국제교류 수업을 하면서 활용할 패들렛 주소, 줌(ZOOM) 주소 등을 학생들과 공유하고 학생들의 개인 과제를 확인하는데 필수적입니다. 또한, 국제교류 수업에 필요한 포스터나 산출물을 제작할 때 학생들이 저에게 사진을 공유하고 인쇄할 때에도 유용하게 쓰였습니다. 저는 학기 초 시간을 할애하여 학생들에게 구글 이메일 주소와 비밀번호 지급 및 구글 클래스룸 활용 방법 수업을 했습니다. 이때 비밀번호는 하나로 통일하는 것이 좋습니다. 학생들이 생각보다 자신의 메일 주소와 비밀번호를 기억하지 못하는 경우가 많기 때문입니다.

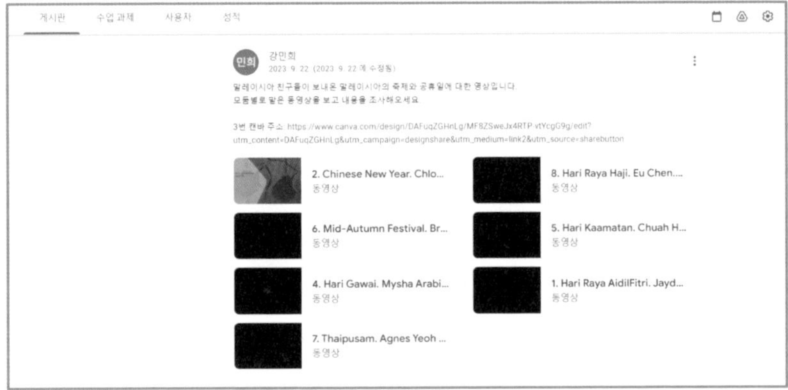

구글 클래스룸 활용 예시

6차시 'Travel to Korea and Malaysia' 수업 당시에 비실시간으로 영상 및 PPT 자료를 말레이시아 학교와 공유하였습니다. 이 사진은 제가 말레이시아 학교로부터 받은 영상을 구글 클래스룸을 통해 학생들과 공유하고 모둠별로 과제를 냈던 예시입니다.

물론 말레이시아 학생들도 모두 가입하여 운영하면 좋았겠지만, 말레이시아 학교 환경 및 부가적인 이유로 우리 반 학생들만을 위한 구글 클래스룸을 운영했습니다. 이후에 국제교류 수업을 운영할 때에는 외국 학생도 모두 참여하는 클래스룸이나 다른 플랫폼을 운영한다면 소통의 편리함을 높일 수 있을 것으로 기대합니다.

Tip 2. 구글 패들렛 활용

국제교류 수업이 가진 시간적 제약을 개선하기 위해 구글 패들렛 활용을 시작했습니다. 여러 국가와의 문화나 지식을 공유하는 것도 중요하지만, 저는 학생들 사이의 직접적 교류를 활성화하여 친구가 되고 직접적으로 소통하는 기회를 만들어주고 싶었습니다. 그래서 1년에 많으면 10회 적으면 2-3회 정도 운영되는 국제교류 수업 외에도 학생들이 패들렛을 통해 일상을 공유하고 친밀감을 쌓을 수 있도록 패들렛을 운영하게 되었습니다.

처음에는 학생을 1:1 버디로 매칭하여 소통의 장을 마련해주고자 했습니다. 하지만 말레이시아 선생님과의 협의 끝에 교사가 지켜보지 않을 때 학생들의 언어 사용 문제, 인터넷 예절 문제 등의 우려로 토픽을 주제로 한 반 전체의 소통을 위한 창구로 활용하기로 했습니다.

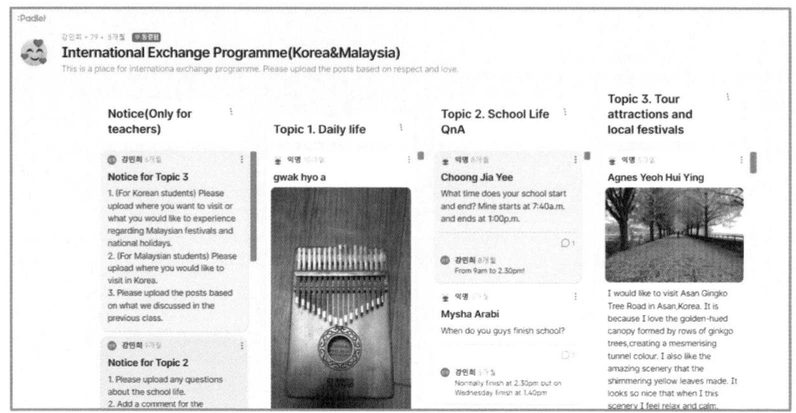

비실시간 교류 활동을 운영한 패들렛 페이지 모습

일 년간 총 세 번의 토픽으로 교류를 했습니다. 정식 국제교류 수업 외의 생활 속 교류가 목표이다 보니 학생들에게 과제로 제시하여 주말이나 방과 후 등 학생들의 생활 속에서 교류가 이루어질 수 있도록 했습니다.

Tip 3. 정식 수업 전 연습 세션은 필수!

온라인으로 국제교류 수업을 운영할 때 가장 빈번한 문제는 인터넷 연결 또는 컴퓨터 기자재 문제입니다. 'School Life' 차시에서 영상을 재생하였는데 인터넷 연결의 불안정으로 교류학교에 재생될 때 딜레이가 되고, 영상이 끊겨서 재생되었던 경험, 수업 중에 교류학교 발표자의 소리가 들리지 않았던 경험, 이어폰 연결 잭이 고장이 나 노트북을 원활하게

이용하지 못했던 경험 등 수많은 문제점이 기기와 관련되어 있었습니다.

학급에서 담임으로서 하는 수업은 시간의 제약에서 다소 자유로워 기기나 인터넷 연결에 문제가 있으면 해결하고 다시 하면 되지만, 교류학교와 하는 실시간 교류 수업에서는 '다음'이라는 단어는 없습니다. 그래서 제가 선택한 방법은 수업 전 연습 세션을 반드시 갖는 것입니다.

수업 10분 전에 학생들과 모두 줌(ZOOM)에 접속하여 인터넷 연결 확인, 소리가 잘 들리는지를 반드시 확인했습니다. 또, 소그룹 활동이 예정된 경우 소그룹 회의실도 학생들과 모의 연습을 하기도 했습니다.

실시간 수업에서의 영상 재생(3분 이상)은 추천하지 않습니다. 우리나라는 인터넷 연결이 잘 되어 영상이 보이더라도, 상대국에서는 영상을 매끄럽게 관람하기 어려울 수 있기 때문입니다. 저와 말레이시아 선생님도 영상 재생의 어려움을 경험하고 난 후에는 3분 이상의 영상은 미리 메일이나 위챗으로 주고받고, 학생들에게 실시간 교류 수업 전이나 후에 따로 재생하여 보여주었습니다.

Tip 4. 소그룹 회의실은 적극 추천!

실시간 국제교류 수업에서 교사가 가장 편하고, 매끄럽게 할 수 있는 수업은 교사 한 명의 카메라만을 활용해 전체 수업을 하는 것입니다. 이런 방법을 활용하면 학생 발표도 교실 앞에서 하는 것을 교사 컴퓨터 카메라로 보여주고, 학생 활동 장면도 카메라 하나로 해결할 수 있는 장점이 있습니다.

하지만 학생들 사이의 진정한 교류를 촉진하고 개개인의 글로벌 의사소통능력 향상을 위해서는 소그룹 회의실이 필수적입니다. 저희 학급에서는 'All about Me' 차시와 'Cooking Class' 차시에서 소그룹 회의실을 활용했습니다. 한국 학생 4명, 말레이시아 학생 4명을 짝지어 소그룹에 배정하였고, 'All about Me' 차시에서는 자기소개를 한 명씩 돌아가면서 진행하였습니다. 'Cooking Class' 차시에서는 자신이 좋아하는 우리나라 전통음식 소개하기 활동을 했습니다. 이런 방법을 통해 학생들은 말레이시아 학생들과 직접적으로 소통하고 발언할 기회를 얻을 수 있었고, 학생들이 수업에 참여하는 태도 또한 향상시킬 수 있었습니다.

Tip 5. 수업의 흐름은 최대한 자세하고 정확하게 공유하자

국제교류 수업은 학생들 사이의 협업도 있지만 두 명의 교사가 함께 수업을 구성하고 일구어나가는 과정도 매우 중요합니다. 우리 교사들은 함께 가르치는 공동 수업에 익숙하지 않습니다. 수업에 대해서 함께 많은 동료 교사와 고민을 나누고 협의를 하더라도 실제 교실에서는 혼자 수업을 하기 때문입니다. 그런 점에서 국제교류 수업에서의 공동 수업은

저에게 새롭게 다가왔습니다.

공동 수업을 할 때는 교사 둘이서 동시에 수업의 주 교사가 되어 이끌 수는 없으므로, 한 명의 주 교사를 정해야 합니다. 수업을 주도적으로 이끄는, 한마디로 MC를 정하는 것입니다. 주 교사를 정한 후에는 수업의 흐름을 아주 간결하고 정확하게 나누는 과정도 항상 가졌습니다.

국제교류 수업은 두 명 또는 그 이상의 교사가 함께하는 수업이기 때문에 '이런 것까지 의논해야 하나?' 싶은 것도 세세하게 의논해서 결정해 놓는 것이 좋습니다.

4

—

도시 학교와 말레이시아 학교의 수업 엿보기

All about Me, 나를 소개합니다

준비는 어떻게 할까요?

1차시는 〈All about Me〉라는 주제로 학생들이 서로 자기소개 시간을 가졌습니다. 첫 수업을 구상하고 계획하느라 말레이시아 선생님과 협의를 여러 번 거쳤던 것이 기억납니다. 처음으로 호흡을 맞춰보는 것이었기 때문에 학생을 몇 명씩 소그룹으로 만들 것인지, 시간은 어느 정도 배분할 것인지, 총 수업 시간은 몇 분이 될지 등의 아주 사소하지만 중요한 사항에 대해서 협의했습니다.

첫 수업 전에 우리 학급 학생과 말레이시아 학생 자기소개 파일을 주고받기로 하고, 약 1~2주 전에 간단한 소개 파일을 주고받았습니다. 그리고 첫 수업 3~4일 전 학급 아이들에게 소개해주었습니다.

그 후에는 8명씩 소그룹(말레이시아 학생 4명, 한국 학생 4명)으로 만나 진짜 대화를 주고받는 형식으로 수업을 운영하고자 하였기 때문에 학생들이 자기소개 스크립트를 한국어로 작성하고, 영어로 변환할 수 있도록 했습니다. 영어 활용에 문제가 없는 아이들은 영어로 번역기 없이 번역하거나, 처음부터 영어로 작성하는 아이들도 있었고 그렇지 않은 아이들은 번역기를 활용했습니다. 또, 친구들에게 질문할 수 있도록 질문 리스트도 1~2개 정도 준비하라고 하여 짧은 Q&A 시간을 위한 준비도 했습니다. 질문지의 경우 준비한 학생들도 있었지만, 자기소개 스크립트 작성으로 시간이 없던 학생들도 있어서 제가 질문 표현을 추가로 정리하여 나누어 주었습니다. 질문지는 영재교육원에서 사용한 것과 같습니다. 준비했던 질문지는 학생들이 Q&A 시간을 가졌을 때 아주 유용하게 쓰였습니다.

실제 수업은 어떻게 이루어지나요?

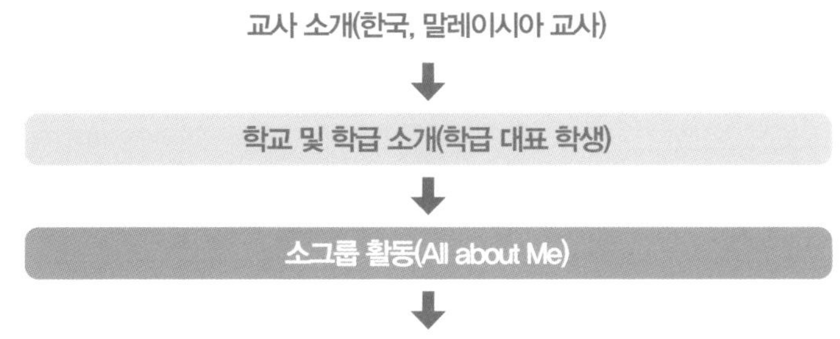

소그룹 활동(Q&A)

인사 및 구글 패들렛 과제 제시

실제 수업은 준비한 대로 이루어졌습니다. 첫 수업인 만큼 앞으로 수업을 함께할 교사 소개를 첫 번째로 하였고, 그 후에 학급 대표 학생이 PPT 슬라이드를 활용해서 우리 학교 및 학급 소개를 마쳤습니다. 그 후에는 소그룹 활동으로 자기소개 활동과 짧은 Q&A 시간을 약 25분간 가졌습니다. 저희 학급 학생들은 2인당 노트북 1대를 사용하였고, 말레이시아 학생들의 경우 4인 1대로 참여했습니다.

연습 세션에서 모두가 함께 노트북을 사용할 때 에코가 발생한다는 점을 발견하여 학생이 모두 이어폰을 활용할 수 있도록 했습니다. 또한, 자리 배치도 서로의 목소리가 겹쳐서 들리지 않도록 모둠별로 최대한 거리를 두고 책상을 배치할 수 있도록 했습니다.

학생당 1인 1대 노트북을 활용할 수 있는 환경이었지만 저는 각자 수업을 듣는 것보다는 친구와 노트북 화면을 함께 보며 서로 도울 수 있는 부분은 돕도록 노트북도 2인 1대, 이어폰도 2인 1개를 나누어 끼도록 했습니다. 학생들이 한 쪽 귀는 이어폰으로부터 자유로우니 제가 직접적으로 하는 지시를 듣는 데 편하고, 영어 실력 격차가 나는 친구들을 서로 돕기도 하며 원활하게 수업이 이루어졌습니다.

소그룹 활동 이후에는 구글 패들렛 과제를 제시하며 마무리 지었습니다. 〈Daily Life〉로 토픽을 정하고 학생들이 자신의 일상을 자유롭게 공유할 수 있도록 했습니다. 이런 패들렛 과제를 할 때도 기간, 사진의 필요성 유무, 댓글 달 때 규칙 등을 최대한 자세하게 양국 학생들에게 안내하여 혹시나 인터넷상에서 불미스러운 일이 벌어지지 않도록 주의시켰습니다.

〈1차시 수업 후 교류 팁〉

- 노트북은 1인 1대도 좋지만, 2인 1대 권장!(이어폰도 2인 1개)
- 학생들 간의 친밀감 형성을 위해서 소그룹 회의실 추천
- 소리가 겹쳐서 에코가 발생할 수 있으니 모둠별 자리는 최대한 넓게 배치
- 과제 제시로 이어지는 교류 활동

School Life, 우리 학교를 소개합니다

제가 소개해드릴 두 번째 수업은 학교생활 소개 〈School Life〉입니다. 말레이시아 선생님께서 학교생활을 소개하는 것도 재미있을 것 같다고 아이디어를 내서 수업을 준비하게 되었습니다. 이번 수업은 실시간 교류 수업이지만 준비 과정이 훨씬 길었습니다.

준비는 어떻게 할까요?

준비 과정에만 일주일이 걸렸던 프로젝트입니다. 하지만 돌이켜보면 저희 반 학생들이 가장 즐거워했던 프로젝트가 아니었나 싶습니다. 준비 과정은 다음과 같습니다.

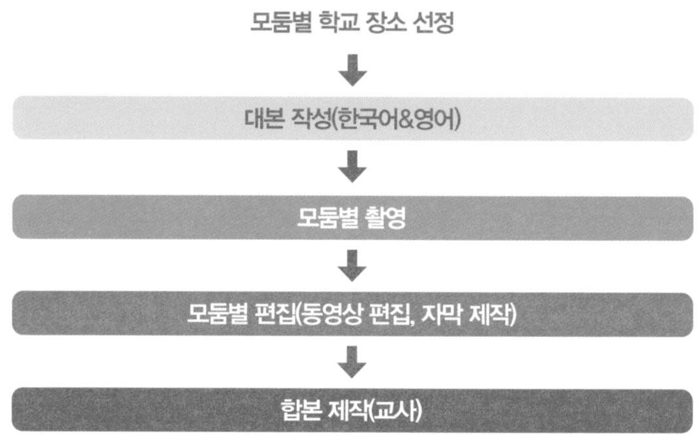

첫 번째로 학생들과 브레인스토밍을 통해 우리 학교에서 소개하고 싶은 장소를 정했습니다. 학생들과 정한 장소는 우리 교실, 급식실, 보건실, 도서관, 컴퓨터실, 운동장, 피구장, 영어실, 과학실이었습니다. 총 여섯 모둠이었기 때문에 모둠당 장소를 2개씩 맡기도 했습니다.

두 번째는 대본 작성 과정입니다. 장소를 소개하려면 직접 가서 소개할 거리를 찾고 대본도 써야 한다고 생각이 되어서 학생들에게 직접 가서 대본을 구상할 시간을 주었습니다. 카메라 움직임, 소개 순서 등을 고려하여 대본을 작성하라고 하니 학생들이 대본 틀을 잡는 데 도움이 되

었습니다. 대본은 한국어로 먼저 작성 후 모둠이 각자 공평하게 대사를 나누도록 했고, 그 후에 자신이 맡은 부분을 영어로 번역할 수 있도록 했습니다. 번역 후에 매끄럽지 못한 부분이 있어서 제가 부분 첨삭을 해주기도 했습니다. 다음 페이지는 저희 반 학생들이 사용했던 학습지 예시입니다.

〈우리 학교 소개하기〉

1) 우리 모둠은 학교 장소 중 어느 곳을 소개할 예정인가요?

선택1	선택2	선택3	선택4

2) 장소를 설명하는 글을 한글로 써보세요.

3) 모둠과 함께 상의하여 하나의 글을 완성하세요.

4) 영어로 번역하여 대본을 완성하세요.

5) 내가 발표해야 할 부분을 다시 정리해보세요.

셋째, 촬영입니다. 학생들에게 1시간 정도의 시간을 주고 태블릿으로 각자 촬영하게 했습니다. 편집을 위해서 핸드폰으로 촬영한 모둠도 있었습니다. 학생들 핸드폰이 모두 있다면 촬영할 때 개인 핸드폰을 활용하는 것도 좋은 방법입니다. 편집 과정에서 어플을 사용하게 되는데, 학생들이 자신에게 익숙한 핸드폰을 사용했을 때 더 수월하게 편집을 하는 것을 관찰할 수 있었습니다.

급식실, 보건실, 도서관, 영어실, 과학실의 경우 각 실에 계시는 선생님들의 협조가 필요해서 미리 전화를 드리고 양해를 구했습니다. 영어실과 과학실을 소개했던 모둠은 직접 영어 선생님과 과학 선생님을 인터뷰하기도 하고, 교실을 촬영했던 모둠 학생들은 교실에서 노래 부르는 영상을 찍어보자고 아이디어를 내기도 했습니다. 때로는 학생들에게 자율성을 줄 때 창의적인 결과물이 나오기도 하는 것을 몸소 경험할 수 있었습니다.

넷째, 편집 과정입니다. 모둠당 1~2명 정도만 편집을 담당하였기 때문에 미술 시간을 활용해 다른 학생들은 스톱모션을 편집해보도록 하고, 담당 학생들은 촬영한 영상을 편집했습니다. 별다른 교육이 없었는데 자막도 스스로 제작하는 모습에 제가 놀랐던 기억이 있습니다. 태어날 때부터 전자기기와 함께한 세대라는 말을 몸소 경험할 수 있었습니다. 학생들이 어플을 활용한 영상 편집에도 능숙하여 제가 따로 지도하지 않아도 좋은 결과물이 나왔습니다.

마지막으로 합본 과정입니다. 여섯 모둠이 총 15분 정도 되는 영상을 제작 및 편집하였고 저는 모두 모아서 매끄럽지 않은 자막 등을 재편집 및 합본 영상을 제작했습니다. 이렇게 교류수업을 위한 준비 과정이 끝났습니다.

실제 수업은 어떻게 이루어지나요?

준비 과정이 매우 길었던 만큼 실제 수업에서는 영상을 함께 보고 짧은 Q&A 세션을 갖기로 했습니다. 실제 수업 순서는 다음과 같습니다.

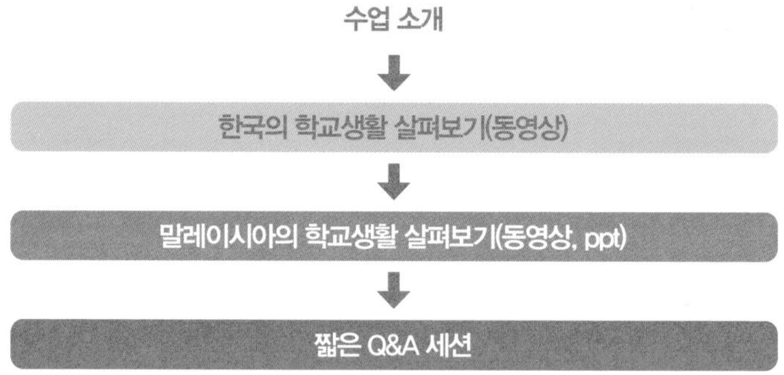

저희 학급에서는 동영상으로만 학교생활 소개를 준비했는데 말레이시아 학교에서는 PPT 슬라이드와 동영상을 적절히 섞어서 준비했습니다. PPT 슬라이드는 학생들이 학교생활 장소에 따라 음성 녹음을 한 부분들이 있었고, 전체적으로는 말레이시아 선생님께서 소개해주셨습니다. 학교의 여러 장소, 학교 행사 등이 중심이었고, 동영상으로는 학교 공식 소

개 영상과 학생들이 춤과 노래를 부르는 영상이 있었습니다.

말레이시아 학교생활 소개

한국 학교생활 소개

이번 수업에서는 조금 아쉬운 점들이 있었는데 첫째, 저희 반에서 제작했던 15분가량의 영상이 실시간 수업에서 재생될 때 딜레이와 끊김 현상이 심했다는 점입니다. 두 번째는 말레이시아 학교에서 PPT 자료를 설명해주실 때 말레이시아 선생님의 목소리가 잘 들리지 않았습니다. 아무래도 현장의 마이크 문제였지 않았나 싶습니다. 이 수업 전에 연습 세션을 가졌어야 했는데 여러 사정으로 연습 세션을 갖지 못했더니 생긴 문제였습니다. 수업 전 연습 세션의 중요성을 체감할 수 있었습니다. 결국, 영상은 따로 말레이시아 선생님과 주고받아 학생들에게 수업 후에 다시 보여주었습니다.

영상을 보고 난 후에 Q&A 세션을 갖기로 하였으나 학교생활 소개 시간이 생각보다 길어서 Q&A는 구글 패들렛을 활용하여 가지기로 하고 수업을 마쳤습니다.

〈3차시 수업 후 교류 팁〉

- 실시간 수업에서 영상 재생은 3분 미만으로 준비!
- 긴 영상은 교류국 선생님과 미리 주고받고, 각자 교실에서 재생하기
- 연습 세션의 중요성
- 시간이 부족할 때는 자연스럽게 비실시간 교류(패들렛 등) 활용

Travel to Korea and Malaysia, 명소와 축제를 소개합니다

6차시는 비실시간 교류로 진행했던 수업입니다. 수업의 특별한 점이라면 교육용 Canva(캔바) 활용도를 극대화하여 학생들이 에듀테크 활용법도 국제교류 수업의 과정에서 익힐 수 있었다는 점입니다.

준비는 어떻게 할까요?

수업의 시기가 여름 방학 직후였기 때문에 자연스럽게 '지역 명소와 축제 소개'를 주제로 설정하게 되었습니다. 학급 학생들과 소개하고 싶은 지역 명소나 축제를 정했는데 서울, 전주, 부산, 제주, 경주 다섯 곳과 지역 축제 중심으로 연계하기 위해 한 곳을 무작위로 고를 기회를 한 모둠에 주었습니다. 모둠 학생들이 울릉도와 독도를 소개하고 싶다고 하여서 결과적으로는 지역 축제 소개와는 멀어졌지만, 학생들에게 자율성을 주었습니다.

학생들에게 교육용 Canva(캔바) 초대장을 모두 발급하고 기존에 있던 구글 아이디를 활용하여 가입하도록 했습니다. 1시간 정도 실과 시간을 활용하여 Canva(캔바) 활용 교육을 진행했습니다. 이외에도 이번 수업이 비실시간 교류로 진행되므로 PPT 슬라이드만 보내는 것보다 학생들이 직접 PPT 내용을 녹음하여 설명해주면 재미있겠다는 생각이 들었습니다.

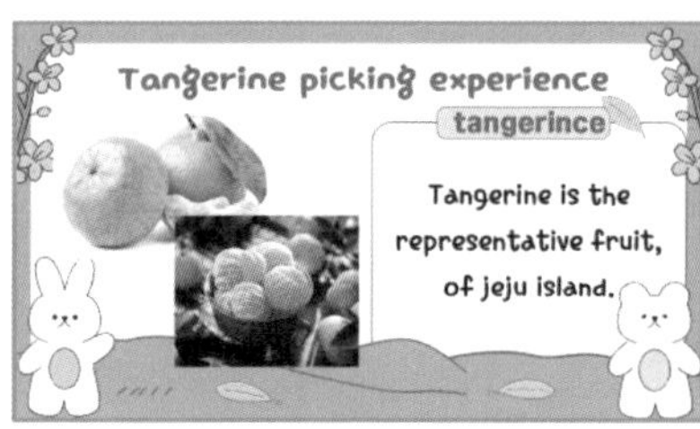

제주도 소개

부산의 음식 소개

학생들은 모둠별로 PPT를 제작하고, 슬라이드별로 대본을 작성했습니다. 그 후에 Canva(캔바)의 녹화기능을 활용하여 PPT에 소개 영상을 삽입했습니다. Canva(캔바)에는 단순 녹음 기능도 있지만 설명해주는 학생의 모습까지 같이 촬영할 수 있는 녹화기능도 있습니다. 본 수업에서는 녹화기능을 활용하여 설명해주는 학생의 얼굴도 PPT에 삽입될 수 있도록 했습니다.

수업에서 활용한 학습지 예시는 다음과 같습니다.

〈국제교류 수업 3차시: 우리나라의 명소와 축제 소개하기〉

이름 :

1) 우리 모둠은 학교 장소 중 어느 곳을 소개할 예정인가요?

2) 장소를 설명하는 글을 한글로 써보세요.

우리 모둠이 소개할 지역(축제)	
그곳에 가려면 어떻게 해야 하나요? (위치, 교통수단)	
가서 무엇을 할 수 있나요?	
가볼 만한 명소는 무엇이 있나요?	
꼭 먹어봐야 할 음식이 있나요?	

3. 자료 조사 내용을 바탕으로 소개 글을 써보세요. (한국어)

4. 영어로 바꾸어 적고, 모둠원끼리 이야기할 부분을 나누세요.

모둠원 1 ( )	
모둠원 2 ( )	
모둠원 3 ( )	
모둠원 4 ( )	

완성한 피피티는 Canva(캔바) 주소로 말레이시아 선생님께 보내드렸습니다. 말레이시아 선생님께서는 위챗(Wechat)을 통해 말레이시아 학생들이 제작한 영상을 보내주었습니다. 말레이시아 학생들은 지역 명소보다는 국경일, 명절 등의 축제에 중점을 두고 자신의 문화를 소개해 주었습니다.

말레이시아 축제와 명절 소개

실제 수업은 어떻게 이루어지나요?

총 8개의 영상을 받았는데, 물론 모두 영어로 되어있었습니다. 이를 학생들과 모두 함께 보는 것도 의미가 있겠지만, 학생들이 내용을 모두 이해할 수 있을지 걱정이 되었습니다. 그래서 모둠별로 영상을 배분해주었고, 가정에서 각자 시청하면서 해석해오는 것을 과제로 제시했습니다. 학교에서는 서로 해석한 내용을 공유하면서 말레이시아의 축제 및 명절을 소개하는 포스터를 제작했습니다. 이런 활동을 통해 우리 반 학생들이 말레이시아 학생들이 보내준 영상을 함께 공유하고 내용 또한 이해할 수 있도록 했습니다.

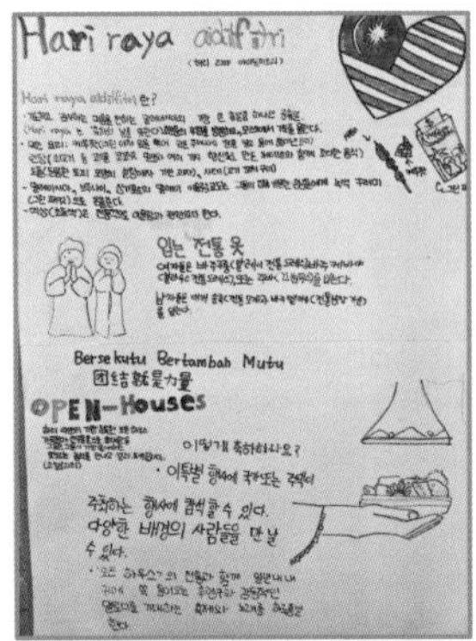

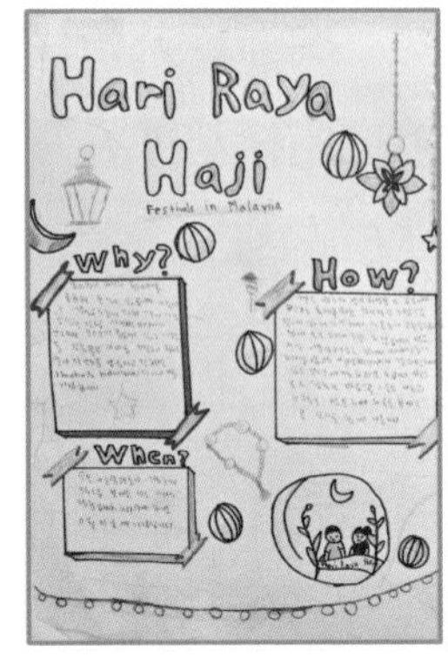

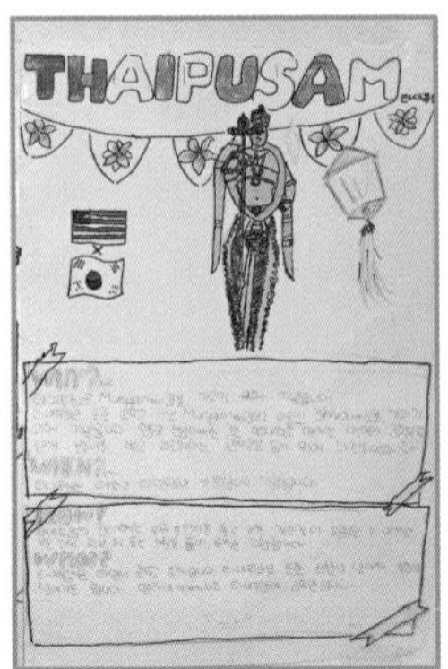

말레이시아 축제 소개 포스터

국제교류 수업을 할 때 자주 드는 고민은 수업이 영어로 진행되므로 '학생들이 이해하지 못할 때 교사가 모두 설명(통역)해주어야 해야 하는가?'에 대한 부분입니다. 동시통역하기에는 수업이 매끄럽게 진행되지 않고, 학생들이 지루해할 수 있기 때문입니다. 국제교류 수업을 하시는 많은 선생님의 고민일 것으로 생각합니다. 저는 이런 사후 활동을 통해 이런 고민을 해소하고자 노력했습니다.

국제교류 수업을 통해 세상을 바라보는 시야를 넓히고, 세계시민성을 길렀던 저희 학급 아이들처럼 제 사례를 통해 선생님의 학급에서도 세계와 소통하는 수업이 펼쳐지길 기대합니다.

〈6차시 수업 후 교류 팁〉

- 국제교류 수업에서 에듀테크를 최대한 활용해보자.
- 의미 있는 교류 활동을 위해 흘러가는 수업이 아닌 사후 활동을 계획하자.

컬처박스를 준비해서 보내요

컬처박스 물품 준비부터
활용 수업까지

1

아이들이 정말 좋아해요, 컬처박스 교환

컬처박스 교환 활동은 국제교류 수업에서 중요한 활동 중 하나입니다. 이는 서로 다른 문화권의 학생들이 자신들의 문화를 소개하고 이해하는 기회를 제공하며, 상호간의 문화 교류와 이해를 촉진하기도 합니다.

컬처박스 교환활동을 통해 학생들은 자신이 속한 나라나 지역의 문화를 탐구하고, 다른 국가에서 가져온 문화 아이템들을 통해 문화의 차이점을 이해할 수 있습니다. 이를 통해 서로 다른 문화권에서 온 학생들 간의 상호 이해와 인식이 높아지고, 국제교류 및 협력에 대한 긍정적인 태도를 배양할 수 있습니다. 또한, 이를 통해 학생들은 자신이 속한 나라나 지역의 자부심을 느끼고, 자신의 문화를 자랑할 수 있는 기회를 갖게 됩니다.

컬처박스에는 한국문화를 대표하는 다양한 물품들을 고민하여 넣습니다. 교류 수업 주제와 관련한 물품을 넣는 것이 좋으며, 학생들의 자기소개 종이를 제작하여 함께 넣는 것도 좋습니다.

컬처박스 물품 전체의 예시

2

—

선생님께만 드리는 컬처박스 추천 리스트

컬처박스에는 우리 문화를 소개하는 데 유용한 다양한 아이템을 담아야 합니다. 또는 교류수업에서 활용할 교구를 넣으면 풍성한 수업을 만들 수 있습니다.

- 한복: 교류국 학생들이 전통 의상을 직접 입고 다양한 교류 콘텐츠들을 만들 수 있습니다. 한복 구입 비용은 상당하지만 추천하는 물품입니다.

■ 전통 문양이 담긴 물품: 단청 무늬가 담긴 스마트폰 그립톡을 구입하였는데, 한국의 미를 알릴 수 있는 좋은 물품이었습니다. 다음으로는 전통 문양 키링입니다. 우리나라 한옥 문양이 새겨져 있는 키링인데 간단하게 색칠만 하면 되는 키트고 저렴해서 선택하게 되었습니다.

■ 소고: 전통 악기 중 소고가 크기도 작고 가벼워서 컬처박스 물품으로 추천합니다.

■ 하회탈&나전칠기&부채: 전통 공예품도 컬처박스에 들어갈 수 있는 좋은 물품입니다. 이 외에도 복주머니, 복조리, 매듭공예 등도 추천하는 물품입니다.

■ 고추장: 고추장이나 된장, 쌈장과 같은 한국의 조미료나 소스류를 이용하여 음식문화 등을 설명하기 좋습니다.

■ 지도: 우리나라의 여러 지역 정보를 전달하기 위한 용도로 지도를 선택하였습니다.

■ 다식 만들기 세트: 교류수업을 위한 물품입니다. 음식 만들기 키트는 대부분 냉장이나 냉동 보관이 필수지만, 다식 만들기 키트는 상온 보관이 가능하고 유통기한이 넉넉해서 마음 놓고 보낼 수 있습니다. 하지만 수업 전에 혹시 키트가 상하지 않았는지 교사가 확인하는 과정은 필수입니다.

■ 윷놀이 세트&제기: 윷놀이, 제기 외에도 팽이, 딱지와 같은 전통놀이 물품세트도 좋은 컬처박스 물품입니다.

■ 한국 유명 가수의 음반앨범: K-컬처가 세계적인 관심을 끄는 만큼 한국의 음악이나 드라마와 관련한 물품도 좋은 컬처박스 물품이 될 수 있습니다.

■ 학생 제작 물품: 하단의 학생들이 직접 채색한 엽서에 편지쓰기 활동과 우리나라 전통 문양 부채 만들기 활동 예시처럼 학생 활동 물품을 보내도 좋습니다.

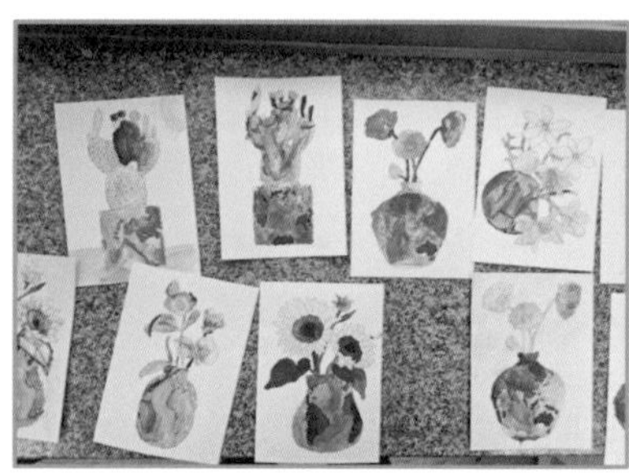
학생 엽서 채색 편지쓰기

전통문양 부채 만들기

■ 학생 개인 선물: 학생들이 직접 고민하여 개인적으로 선물을 준비하게 하는 것도 좋습니다. 하단 사진은 학생들의 아이디어로 준비한 전통 과자와 전통 의상 책갈피&볼펜 선물 세트입니다.

귤향 과즐

우리나라 전통 의상 책갈피와 볼펜

■ 교사 선물: 대면 교류가 아닌 온라인 교류로만 국제교류 수업을 운영하는 경우에는 컬처박스에 교사 선물도 함께 준비하면 좋습니다.

한복 모양 비누 선물

주의사항

이 물품들 외에도 한국의 전통 예술 작품이나 한국의 문화와 관련된 다양한 물건들을 넣을 수 있지만 국제우편 운송 규정에 따라 운송이 가능한 물품만 넣도록 주의해야 합니다. 부피가 너무 큰 경우 배송료가 아주 많이 청구될 수 있으니 이 부분도 고려해야 합니다. 또 일부 국가는 새 상품들에 대하여 과도한 관세를 부과하기도 하니 유의 바랍니다.

3

물품 설명서를 만들어요

교류학교에 물품만 전달하게 되면 문화 전달의 의미가 다소 떨어질 수 있습니다. 그래서 물품과 관련한 설명서를 제작하여 함께 보내주면 좋습니다. 이 활동은 우리 학생들이 우리 문화에 대하여 더 자세히 알게 되는 기회이기도 하며 어린이 외교관으로서의 소양을 길러줄 수도 있습니다.

제작한 물품 설명서 예시

4

두근두근 설레는 언박싱 활동

교류학교 간에 교환한 컬처박스를 언박싱하는 과정을 영상이나 사진으로 기록하고 이를 서로 교환하는 것도 비대면 국제교류의 수업의 좋은 사례가 됩니다. 물론 실시간 온라인 수업교류도 가능합니다.

교류학교 학생들이 컬처박스로 받은 한복을 입고 찍은 감사 영상

컬처박스 물품을 활용하여 학교에 만든 인도네시아 코너

5

컬처박스 물품으로 이런 수업은 어때요?

저는 말레이시아 학교와 1년간 교류하면서 7월경 말레이시아에 컬처박스를 보냈습니다. 제가 컬처박스로 준비한 물품으로는 한국식 문양의 책갈피와 볼펜 세트, 학생들이 만든 전통 부채 및 채색한 엽서와 편지, 이후 온라인 교류 수업에서 활용할 다식 만들기 세트와 한국 전통 키링 만들기 세트, 말레이시아 선생님들을 위한 한국식 비누와 한국 전통 과자(귤향과즐) 등이 있었습니다. 모든 물품에는 무엇인지 설명하는 포스트잇을 함께 붙여주었습니다.

말레이시아 학교의 언박싱 활동

컬처박스는 약 2주 후에 말레이시아 학교에 도착하였습니다. 말레이시아 선생님께서 학생들과 했던 언박싱 활동을 사진으로 보내주셨습니다. 곧이어 말레이시아 학교에서도 우리 학교에 컬처박스를 보내주었습니다. 원래 말레이시아의 간단한 간식을 많이 담아주셨는데, 한국 세관에서 받아주지 않아 모두 제외하고 보내야겠다고 메시지를 받았습니다. 선생님께서 말레이시아 우체국을 5~6곳은 돌아보셨다고 했지만, 한국에서 받아주지 않는 것이라 어쩔 수 없겠다며 너무 아쉬워하셨습니다. 하지만 간식을 제외하더라도 너무나 의미 있는 컬처박스를 보내주셨습니다.

컬처박스 물품과 함께

말레이시아 학생 준비

말레이시아 학교에서는 학생들이 쓴 편지, 전통 악기(피리), 여학생들에게는 핸드메이드 머리끈, 남학생들에게는 핸드메이드 장식, 페낭의 모습이 담긴 노트, 전통 놀이 키트 등을 보내주셨습니다. 특히 핸드메이드 작품들은 학생들이 직접 바느질해서 만든 작품들이라 더 의미가 있었습니다. 저희 학급 학생들도 친구들이 직접 쓴 편지와 물건을 받으니 매우 들뜨고 행복한 모습이었습니다. 함께 컬처박스를 받은 사진을 주고받으며 비대면으로 수업 교류를 하였습니다.

앞서 언급한 것처럼 컬처박스를 활용한 온라인 실시간 교류도 가능합니다. 컬처박스를 활용하면 조금 더 풍성한 교류 수업을 만들 수 있습니다. 원하는 교구를 해외 학교로 보내 함께 수업을 꾸려갈 수 있기 때문입니다.

제가 소개해드릴 수업은 다식 만들기 키트를 활용한 쿠킹클래스 수업입니다. 이번 수업에는 각 학교의 교장 선생님께서 참관을 해주셨습니다. 교장 선생님 두 분이 처음 만나는 자리였기에 각 학교 학생들에게 인사 말씀을 해주시기로 하였습니다. 수업의 흐름은 다음과 같습니다. 특히 우리 학교 교장 선생님께서는 말레이시아 학교 학생들을 위해 중국어로 환영 인사를 해주셨습니다.

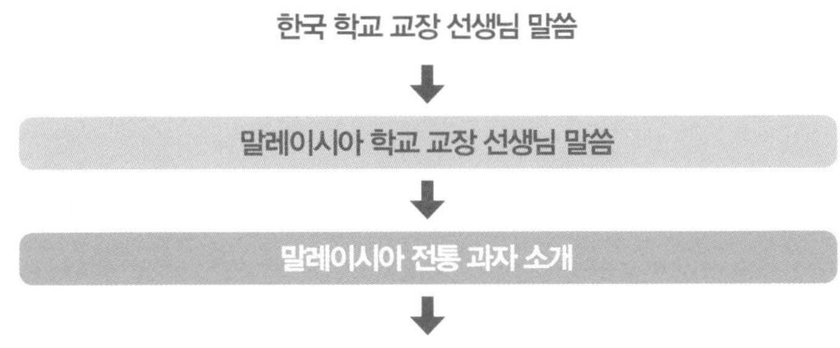

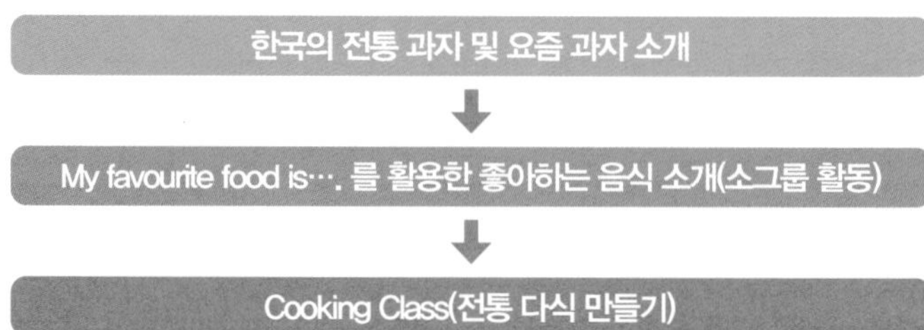

각 학교 교장 선생님의 인사 말씀 이후에는 말레이시아 학생들부터 전통 과자 소개를 하였습니다. 저희 학급도 자원을 받아서 세 명의 대표 학생이 우리나라의 전통 과자 및 요즘 과자를 소개하는 시간을 가졌습니다. 이번 수업에도 학생들이 함께 PPT를 만들어야 했기에 Canva(캔바)를 적극적으로 활용하였습니다. 수업 전에는 방과 후 시간을 활용하여 발표 연습을 하기도 했습니다.

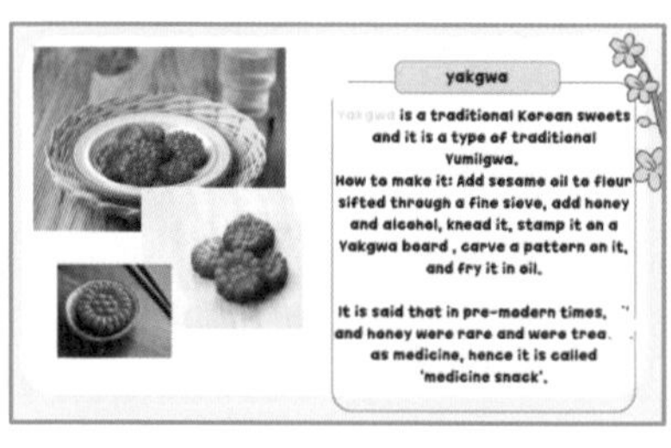

약과 소개

떡볶이 소개

대표 학생들만 발표하고 지나가기에는 아쉬운 마음이 있어서 학생 모두의 의사소통 능력을 기르고자 소그룹 활동도 계획하였습니다. 이번에

도 말레이시아 학생 4명, 한국 학생 4명으로 조를 이루어 소그룹 활동을 하였습니다. 'My favourite food is…….'라는 표현을 활용하여 좋아하는 한국 또는 말레이시아 음식을 소개하도록 하였습니다. 음식 소개를 할 때 사진이나 그림이 있으면 학생들의 이해에 도움이 될 것 같아 말레이시아 선생님과의 협의 끝에 학습지를 제작하여 학생들이 그림과 함께 음식을 설명할 수 있도록 준비해주었습니다.

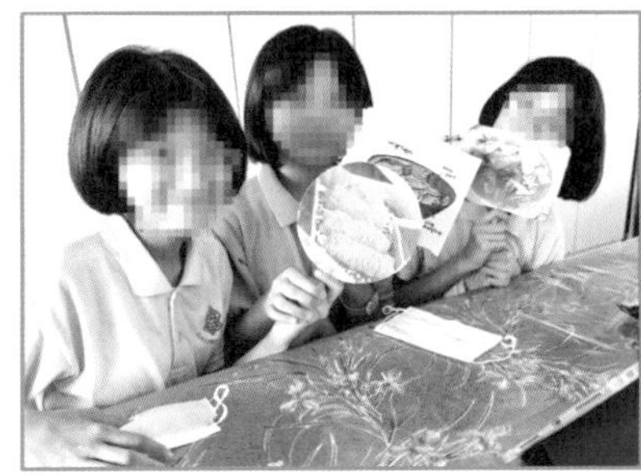

말레이시아 학생들

한국 학생들

이후에는 다시 메인 룸으로 돌아와서 전통 다식 만들기 클래스를 진행하였습니다. 저희 학급의 대표 학생이 다식 만드는 방법에 대해 발표를 준비해 전체 발표를 진행하였고, 이후에 각 학급에서 카메라만 켜둔 채 쿠킹클래스를 진행하였습니다.

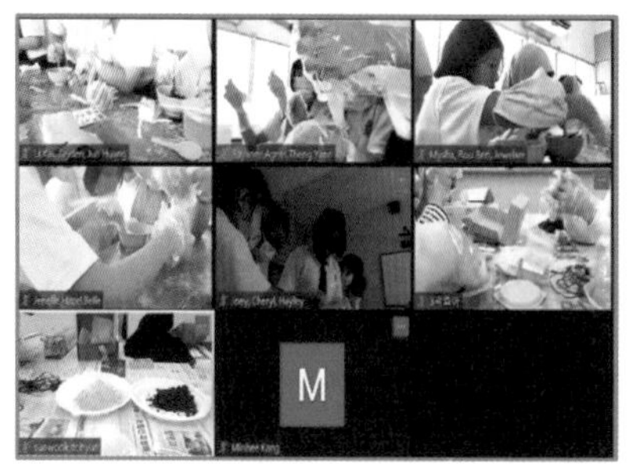

수업 모습

말레이시아 학생들이 만든 약과

약 2차시가량 소요되었고, 다식 만들기를 완료한 모둠은 맛을 보면서 수업을 마무리하였습니다. 말레이시아 선생님께서는 다년간 교류 수업을 운영해오셨지만, 쿠킹클래스는 처음이라면서 너무 좋아하셨고, 양국 학생들의 반응도 좋았던 것 같습니다. 컬처박스에 함께 할 수 있는 다양한 키트를 준비하고 그것으로 수업을 꾸려가는 것이 좀 더 체계적이고 다양한 활동을 할 수 있도록 해주었습니다. 저는 7월에 컬처박스를 보냈으나 학기 초 4~5월쯤 컬처박스를 보내면 한 해 동안 좀 더 다양한 활동을 서로 할 수 있지 않을까 싶습니다.

직접 보러가는 세계문화 ①
인도네시아 해외현장체험학습

이창근 교사의 국제교류 수업 연계
해외현장체험학습 추진 수기

1

참가 학생 선발은 어떻게 할까?

학생들의 국제교류 해외현장체험학습 비용이 교육청, 시청 등 기관의 지원을 받아서 진행되는 경우뿐만 아니라 수익자 부담으로 진행되더라도 학생들과 학부모들의 참여 의지는 매우 높습니다.

국제교류 해외현장체험학습 활동은 관광목적의 일반 여행과는 다른 특별한 경험을 학생들에게 선사하기 때문입니다.

그래서 꼼꼼한 학생 선발 기준이 필요합니다. 이 기준은 국제교류 위원회의 협의를 통해 정합니다.

처음 이 일을 추진하는 선생님들을 위한 학생 선발 기준 예시안을 공유합니다.

해외현장체험학습 참가자 선발 기준(예시)

▶ 방문지역: 인도네시아 자카르타, 보고르, 말랑 지역
▶ 방문 예정일: 10월 11일(수) ~ 10월 22일(일), 11박 12일
▶ 방문 목적: 국제교류 수업 운영 및 해외 문화 체험
▶ 참가 대상: 전주전라초등학교 4학년 학생 중 16명
▶ 선발방법 및 기준

가. 1차 평가: 1차 선발 기준에 따라 남 16명, 여 16명 총 32명 선발
- 제출 기간: 2023년 7월 5일 수요일 오후 2시 30분 전까지
- 제출 서류: 학생지원영상은 3분 이내로 촬영 후 담임선생님께 하이톡으로 제출
- 학생지원 서류는 제공한 서류에 1장(앞, 뒤 가능) 내외 학생이 수기로 작성 후 직접 제출
- 2배수 선발인원(2차 평가 대상자) 발표일: 7월 10일(월) 오후 3시, 학급 하이클래스 게시판에 공고

나. 2차 평가: 2차 선발기준에 따라 평가 후 1, 2차 점수 합산하여 남 8명, 여 8명 총 16명 선발
- 2차 면접 전형 일시: 2023. 7. 17(월) 13:50~16:30
- 평가 장소: 본교 학생자치실(면접에 응시하지 않는 경우 자동으로 선발 배제)

※ 선발과정에는 학급 담임 교사, 교내 교사, 교외 초청교사(영어 원어민 교사 포함)가 참여합니다.
※ 선발된 학생은 여름방학 교내 캠프와 2학기 중 주말 교류 수업 활동, 해외 현장체험학습 사전교육에 의무 참여해야 합니다.
※ 학급별 최소 선발 보장 인원(남1, 여1)
※ 7월 5일까지 모집 후 성별 지원자 수 미달 시 추가 접수 없음.

▶ 선발 취소기준
가. 학생 개인 사정으로 인한 자발적 포기
나. 해외여행 결격사유 발생으로 인한 선발 취소
다. 학교폭력사안발생으로 처분 시 선발 취소
라. 국제교류 참가 전 활동에 불성실하거나 미참여하는 경우 국제교류 운영위원회의를 통해 선발 취소될 수 있음.

▶ 해외현장체험학습 기타사항
국제교류 수업으로 해외현장체험학습 참가학생은 이후 5년간 교육청 주관의 해외연수에서 선발 제외될 수 있음.
(향후 교육부, 교육청 주관 해외연수 운영 시 경험이 없는 학생 선발 우대)

<table>
<tr><td rowspan="5">1차
(총점 50점)
서류전형</td><td>인성
(10점)</td><td>학교폭력 징계이력, 학교생활 성실도(미인정 결석), 교우관계 등을 종합하여 판단</td></tr>
<tr><td>참여도
(10점)</td><td>국제교류 수업 온라인 과제 참여도
1개 제출☞4점 / 2개 제출☞7점 /3개 이상 제출☞10점</td></tr>
<tr><td>영어단어테스트
(10점)</td><td>영어단어 3개 주제 총 50문항 제출
개당 0.2점으로 총 10점
모든 학급 7월 5일(수) 5교시에 테스트 실시</td></tr>
<tr><td>학생지원영상
(10점)</td><td>주제 〈한국의 음식 소개〉 3분 이내 촬영 후 파일 하이톡으로 제출
예시내용: 떡국 만드는 방법, 명절에 먹는 음식, 우리 집 집밥 소개 등
*우리나라 음식 중 한 가지를 정해서 3분 이내 영어로 소개
*영상 출연은 참가 학생 본인 1명으로 제한
*자막, 각종 편집 기술은 채점 기준이 아님</td></tr>
<tr><td>학생지원서류
(10점)</td><td>국제교류 해외 현장체험학습에 지원하는 동기, 다짐 등을 1장 내외 수기로 작성 후 서류 제출(서식지 담임 선생님께 받기)</td></tr>
<tr><td rowspan="5">2차
(총점 50점)
면접전형</td><td>영어자기소개
(10점)</td><td>1분 이내 영어로 자기소개 미리 준비 후 발표
(소품 준비 금지)</td></tr>
<tr><td>영어인터뷰
(10점)</td><td>면접 장소에 준비된 5가지 질문(한국어와 영어 둘 다 제공) 중 한 가지를 무작위로 뽑아 영어로 답하기</td></tr>
<tr><td>한국문화소개
(10점)</td><td>자신이 준비한 주제로 한국문화 소개 발표
– 2분 이내로 준비, 영어 또는 한국어 사용 자유
– 예: K–POP, 한국 음식, 태권도 등
– 음악, 소품 등이 필요할 경우 면접 일에 스스로 준비</td></tr>
<tr><td>한국어질의응답
(20점)</td><td>면접 장소에서 즉석에서 2가지 질문에 대해 응답</td></tr>
<tr><td colspan="2">신청 학생 대기실 입실 ⇨ 면접 순서 및 조 추첨(뽑기 방식) ⇨ 순서대로 면접장으로 이동(3인 1조) ⇨ [면접1실] 영어로 자기 소개와 영어 인터뷰 질문(1문항) 실시 ⇨ [면접2실] 한국어 면접 질문(2문항) 및 한국문화 소개 발표</td></tr>
</table>

참여 학생과 학부모들은 꼼꼼하게 준비된 선발 기준을 보고 선발 과정을 신뢰하게 됩니다. 혹시 나중에 학생 선발 결과에 대한 학부모 민원이 발생하더라도 충분히 대응할 수 있도록 선발 기준을 잘 준비해야 합니다. 저는 민원에 대응할 수 있는 선발 기준의 근거로 국제교류 위원회의 회의결과를 준비했습니다. 국제교류 위원회 안에서 충분한 논의를 거쳐서 우리 학교의 선발 기준을 세우기 바랍니다.

개인적으로 중요하다고 생각하는 기준은 학생 정서적인 부분입니다. 해외현장체험학습은 긴 시간동안 진행되기 때문에 학생이 단체생활에 얼마나 잘 적응할 수 있는지가 중요합니다. 이는 학생의 도덕적 인성뿐 아니라 새로운 환경 적응 능력도 해당하니 참고 바랍니다.

우리 학교는 선발과정에서 4학년 담임교사는 채점 위원으로 참여하지 않고 진행요원으로만 참여했습니다. 4학년 전체 학생 중 학급 구분 없이 16명의 학생을 선발하는 상황이었기 때문에 선발의 중립성을 보여주기 위함입니다. 그리고 우리 학교에는 원어민 교사가 없어서 인근 학교의 원어민 교사 협조를 받아 영어면접도 진행했습니다.

선발 과정에 담긴 선생님들의 꼼꼼한 정성이 학생들의 마음에도 닿았는지 학생들도 정말 성실하게 준비를 했습니다. 톡톡 튀는 학생지원영상들과 면접 과정에서 선보인 한국문화소개 활동들도 다양하고 참신했습

니다.

우렁찬 목소리로 판소리를 선보인 남학생의 발표가 특히 기억에 남습니다.

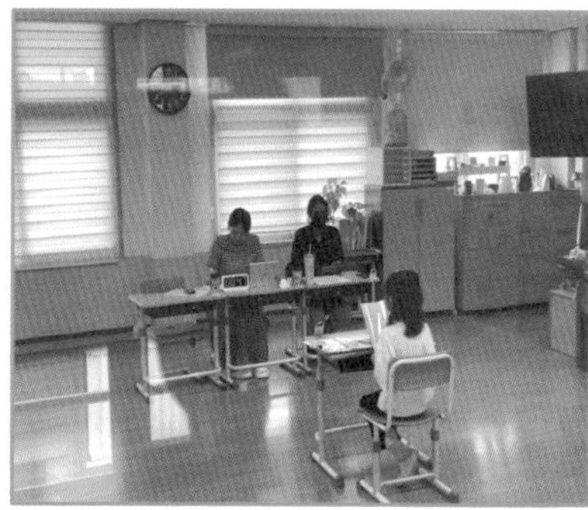

2차 선발 면접실 1, 2 모습

2

—

보여줄게,
우리 전통 문화!

오프라인 국제교류의 대표적인 활동은 학교 방문입니다. 교류학교 방문 활동이 수업 참관 활동만 있다면 학생들이 단체로 미리 준비할 것은 없지만 강당 또는 운동장 등에서 행사가 있다면 문화공연을 준비해야 합니다.

국제교류 동아리 활동 등을 통해 꾸준히 공연 활동을 준비하면 좋겠지만 그렇지 않은 경우는 따로 시간을 내어 공연을 준비해야 합니다. 저는 여름방학 기간 동안 특별캠프를 운영하며 집중연습 기간을 가졌습니다.

공연의 종류는 한국적인 모습을 볼 수 있는 것으로 고민하고 준비하는 것을 추천합니다. 우리 학교의 경우는 한삼춤, K-POP 랜덤댄스, 율동과 함께 한국 동요 부르기 활동을 준비했습니다. 교류 활동을 마친 후에 느낀 점은 단체 공연복이나 도구들이 주는 시각적인 효과가 정말 크다는 것입니다. 하지만 외국에 모든 짐과 선물들까지 들고 가기 때문에 소품에 크게 욕심만 부려서는 안됩니다. 소품들은 비행기 수하물 기준 등을 잘 고려하여 고민하기 바랍니다.

한삼춤과 한국동요 공연 모습

3

가장 중요한
해외현장체험학습 사전교육

해외현장체험학습 사전교육 활동 일에는 참여 학생들과 학부모님들 모두가 모이는 자리를 갖는 것을 추천합니다. 여행의 구체적인 스케줄 전달과 안전교육을 실시하는 시간이기도 하고, 여행가방 준비나 준비물 리스트에 관련해서도 꼼꼼하게 전달하기 위해서입니다.

인솔 교사들이 학생들과 학부모들에게 당부하는 정서적인 말들도 전달합니다. 또한 이 자리는 함께 떠나는 학생들의 부모님들끼리도 가벼운 인사와 소통을 할 수 있는 기회입니다. 이는 학생들 간 생활문제가 발생하더라도 불필요한 오해나 갈등을 줄이고 현명하게 해결하는 데 도움이 됩니다.

이제 우리 학교의 준비물 및 안전과 관련한 사전교육 안내 자료를 예시자료로 첨부하니 참고바랍니다.

2023 전라초 국제교류현장체험학습 안내

○ 장소: 전라초 본관 현관으로 집합

○ 집합일시: 2023. 10.11. (수) 07:30 인원 점검 및 출발 준비

☞ 전용차량 출발: 10.11.(수) 08:00~

○ 한국도착: 10.20.(금) 07:05 ☞ 학교도착(예상): 10.20.(금) 12:00

○ 핸드폰은 어떻게 사용하나요?

☞ 로밍을 권장 합니다.(부모님과 상의)

☞ 핸드폰 사용 인도네시아 자카르타 시간 기준으로 오후 10시 이후 사용금지입니다.

☞ 가족 연락 가능 시간: 아침 기상 직후(7시~8시), 저녁 식후(6시~8시)
단, 긴급 상황 시 휴대폰 사용 가능하며 선생님께 바로 알립니다.

☞ 국제교류현장체험학습 오픈 채팅방 꼭 미리 입장하고 절대 퇴장하지 마세요.

○ 용돈은 얼마를 가져가나요?

☞ 100달러 정도 미리 환전해서 챙겨옵니다.

☞ 인도네시아 공항 도착 후 인도네시아 돈으로 다시 환전합니다.

☞ 자신의 용돈은 스스로 잘 관리합니다.

○ 여권은 어떻게 관리하나요?

☞ 여권은 선생님이 관리합니다.

○ 몸이 아플 때는요?

☞ 아프거나 불편한 사항이 있으면 선생님에게 즉시 알립니다.

○ 마음이 속상할 때는요?

☞ 한국에 있는 부모님이 해결해 줄 수 없습니다. 선생님께 먼저 이야기합니다.

○ 현지 가이드 비상연락망

구분	전화번호
현지 가이드	1. 박○○ 실장: +62 813 0000 0000 2. 메○○ 가이드: +62 813 0000 0000

○ 여행사 및 인솔자 비상연락망

구분	전화번호
사무실	최○○(행사담당자) +82-00-000-0000 / +82-10-0000-0000
인솔자	정○○ 인솔자 +82-10-0000-0000

○ 현지 가이드 비상연락망

구분	전화번호
주인도네시아 대한민국 대사관	전화번호: +62-20-0000-0000 (대표) 업무시간: (월-금) 09:00~16:30, 점심시간 12:00~13:00 긴급연락처: +62-0000-000-000 (긴급상황 발생시, 24시간)

○ 준비물(체크하며 준비해보세요)

구분	전화번호	확인 체크
여권 용돈 지갑	☞ 여권은 필수! 꼭 챙겨옵니다. ☞ 달러로 환전한 돈은 개인 지갑에 잘 챙겨서 옵니다. ☞ 지갑은 동전과 지폐를 둘 다 넣을 수 있는 것이 좋습니다.	
의류	☞ 인도네시아의 10월은 평균 최저기온 25.5℃, 평균 최고기온 32.7℃로 서울의 여름보다 조금 더 덥습니다. ☞ 여행 중 세탁이 어려우니 옷을 여러 벌 매우 넉넉하게 챙깁니다. [속옷] [반팔 또는 민소매] [반바지] [얇은 긴팔] [얇은 긴바지] [양말] [샌들 또는 슬리퍼] [운동화] [수영복, 수영모, 수경, 수영가방] ☆옷 정리 TIP ☆ 날마다 입을 옷을 지퍼백에 나누어 담아주시면 아이들이 챙겨 입기 편합니다.	
세면 도구	☞ 칫솔, 치약, 세면도구(바디클렌저, 세안제, 샴푸 등), 수건 3장 정도	
우산	☞ 작은 우산, 우비	
간식류	☞ 상하지 않는 것으로 작은 과자나 초콜릿 간식류 등	
상비약	☞ 학교에서 준비: 소화제, 반창고, 연고, 감기약, 복통약, 지사제, 진통제, 해열제, 체온계, 코로나 검사키트 ☞ 학생 준비: 멀미약, 따로 먹어야 하는 병원 처방약(영문 의사 소견서 필요합니다.) 평소 원래 먹던 상비약이 있다면 따로 가져와주세요. ※모든 약은 밀봉된 상태로 가져가야 합니다.	
필기 도구	☞ 연필, 볼펜, 수첩	
작은 가방	☞ 캐리어 외에 작은 가방 한 개만 더 가져갑니다. 활동 시에는 작은 가방 한 개만 사용합니다.(크로스백, 작은 백 팩 등 양손이 자유로워야 함.) ☞ 자신이 챙겨온 지갑과 휴대전화가 충분히 들어가는 사이즈	
전자 기기	☞ 휴대폰, 휴대폰 충전기, 보조배터리 ☞ 인도네시아 역시 우리나라와 콘센트 모양은 같아요.	
선물	☞ 인도네시아 친구들에게 줄 소소한 선물을 준비합니다.	

[출입국 시, 유의사항]
- 항공기 이용 시 용기 당 100ml 초과 액체류(화장품, 치약류, 젤 등), 칼, 라이터는 기내 반입 제한됩니다.
- 인도네시아 공항 내에서 이민국 출입국 내부 및 심사대는 사진 촬영 금지된 것에 주의가 필요합니다.
- 보조배터리는 수하물 반입 금지입니다.(캐리어에 넣을 수 없음.)

○ 출발 전 한 번 더 확인

〈떠나기 전〉

☞ 자신의 건강을 스스로 점검한다.

☞ 일정 및 비상 연락 전화번호를 반드시 미리 숙지하고 가족과 공유한다.

☞ 귀중품이나 고가물품은 가져가지 않는다.

〈버스, 비행기 이용 시〉

☞ 항공기 내의 안전 규칙을 잘 숙지하고 반드시 규칙을 준수한다.

☞ 버스 승하차 시 지정된 차량을 확인하고 질서 있게 행동한다.

☞ 버스 내에서는 안전에 유의하고, 반드시 안전벨트를 착용한다.

☞ 비행기, 버스 관계자에 대한 예의를 갖춘다.

〈숙소 및 식당에서〉

☞ 개인 소지품을 철저히 관리하고 도난 및 분실 사고에 주의한다.

☞ 취침은 지정된 방에서 하며 항상 방문을 꼭 잠그도록 한다.

☞ 식사 시 질서를 유지하고, 식사 후에는 정리 정돈을 한다.

☞ 퇴실 시 뒷정리 및 청소를 하며 분실되는 물건이 없도록 철저히 확인한다.

☞ 숙소 관계자에 대한 예의를 갖춘다.

☞ 숙소의 불건을 훼손, 오염시키거나 가져오지 않도록 한다.

☞ 호텔 투숙 시 방 열쇠는 옆방으로 이동하더라도 항상 소지하고(자동으로 잠김) 잠옷 차림으로 다니거나 큰 소리로 소리치지 않는다.

☞ 투숙하는 호텔 내에 있는 냉장고에 비치된 물건들은 사용하지 않도록 한다.

☞ 욕실에서 샤워 할 때는 바닥이 미끄러우니 조심하고 물이 바깥으로 새지 않도록 커튼을 욕조 안으로 넣으신 후 사용한다.

☞ 아침 식사

- 대개의 경우 호텔 내 레스토랑에서 정해진 시간 내에 뷔페식으로 식사
- 빵, 오믈렛, 베이컨, 소시지, 씨리얼, 음료(주스, 우유 등), 과일로 구성
- 먹을 만큼 덜어서 먹고 남기지 않도록 하며, 음식을 외부로 갖고 나오지 않도록 한다.

☞ 점심 및 저녁 식사

· 현지식 및 한식으로 외부에서 해결하는 경우가 많음
· 단체여행으로 사람이 많으므로 음식이 늦게 나오더라고 기다리는 여유가 필요하며,
· 다른 외국인들도 같이 식사를 하므로 예의를 지킨다.
· 팁은 경비에 포함되어 있으므로 식사 후 팁을 두지 않아도 무방함.

〈관람, 교류 활동 중〉

☞ 집합 시간을 반드시 지키고 서로 챙기고 알려준다.

☞ 이동 시 인솔 담당자 및 가이드의 지시에 따라 행동하고, 개인행동을 하지 않는다.

☞ 환경을 훼손하는 행동을 하지 않으며 문화재 및 공공기물을 보호하고 아낀다.

☞ 박물관이나 미술관 관람 시 기다리는 시간이 길 수도 있으므로 느긋하게 기다리며 항상 줄을 바르게 서도록 한다.

☞ 외국인과 눈이 마주치면 눈인사를 건낸다.

☞ 한글 낙서가 많이 발견되어 빈축을 사기도 하니, 국가 이미지를 훼손하지 않도록 한다.

☞ 관광지는 혼잡하므로 여권이나 현금 등을 분실하지 않도록 주의한다. (가방은 앞쪽으로 매어 소매치기 등을 예방한다)

☞ 부주의로 외국인에게 부딪히거나 발을 밟을 경우 "Sorry" 하고 지나간다.

☞ 사진 촬영 금지구역에서는 절대 사진을 찍지 않는다. 반드시 허가를 얻어야 하며, 현지인을 촬영할 경우 나라마다 관습과 문화가 다르므로 예의에 벗어나지 않도록 한다.

☞ 이동 시 절대 혼자 다니지 않도록 하며, 버스 출발 시간에 늦지 않도록 한다.

☞ 박물관이나 미술관 등 화장실은 이용할 수 있을 때 미리 이용한다.

☞ 안전사고 예방에 주의하고 사안이 발생할 경우, 즉시 인솔 담당자와 가이드에게 알린다.

〈건강, 안전 관리〉

☞ 각자의 위생 관리 및 음식물 섭취에 각별히 유의한다.
☞ 충분한 수면과 휴식, 적당한 운동으로 컨디션 유지한다.
☞ 신체 활동 시 위험한 행동은 절대 하지 않는다.
☞ 덥거나 추운 날씨를 대비하여 옷차림에 신경 쓴다.
☞ 건강에 이상이 있을 경우 즉시 담임이나 담당자에게 반드시 알린다.
☞ 식중독 등 다음과 같은 증상이 있으면 신속하게 병원진료를 받아야 함을 기억한다.

※ 병원으로 가야 하는 복통	
– 4시간 이상 지속되는 심한 복통	– 구토, 열을 동반하는 복통
– 복부가 팽만하거나 누르면 아픈 복통	– 어지러움, 졸림, 혼미한 느낌
– 소변이나 대변에 피가 섞여 나오는 복통	

☞ 성폭력, 성희롱이나 이에 준하는 일체의 사고를 방지하기 위하여 항상 몸가짐을 바르게 하고, 이에 해당하는 사안이 발생 할 경우 즉시 인솔 담당자에게 신고한다.
☞ 모르는 사람이 주는 음식이나 부탁은 무조건 거절한다.

학생들이 오프라인 교류 활동을 통해 만날 선생님들, 외국 학생들에게 전달할 수 있는 작은 기념품들을 여러 개 준비할 수 있도록 안내하기 바랍니다. 현지의 교육행사를 마친 후에 외국 친구들과 교환하는 작은 선물들을 통해 그 행사를 오랫동안 특별하게 기억할 수 있습니다. 한국적인 책갈피, 주머니, 자석, 열쇠고리, 엽서, 가방 등 작은 소품이 될 수도 있고 엽서 정도의 크기로 만든 자기소개 자료도 작은 기념 선물이 될 수 있습니다.

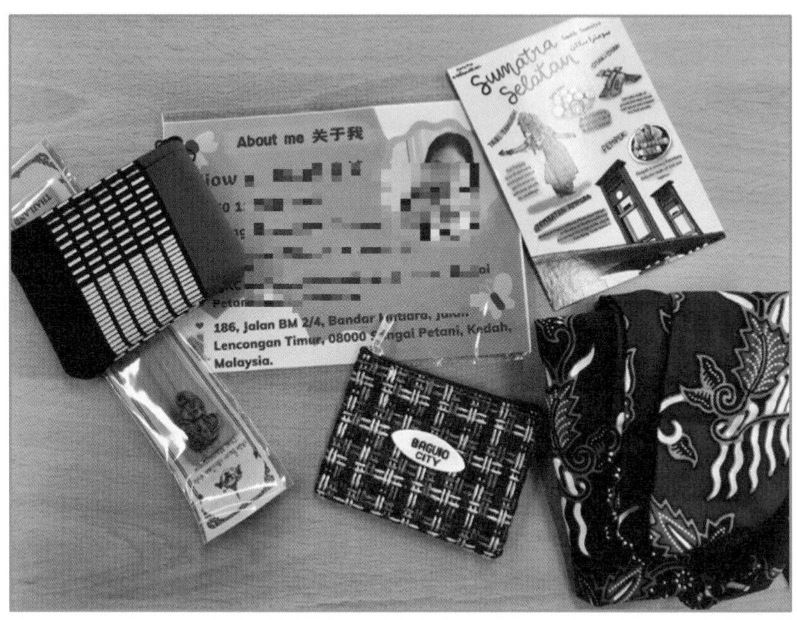

다른 나라 학생들에게 받은 기념 선물 예

4

사전답사 방문을 통해 국제교류 교육행사를 준비하자!

사전답사 방문을 어떻게 준비하느냐에 따라 국제교류 해외현장체험학습의 교육적 의미가 많이 달라질 수 있습니다.

위탁 여행사는 해외여행을 추진하는 부분에서는 전문가이지만 교육적 행사를 준비하는 부분은 여러분이 더 전문가일 수 있습니다. 그래서 교사의 안목과 준비가 중요합니다. 1차로 세운 초안 계획은 사전답사를 통해 마주한 현실에 맞게 최종적으로 조정이 되어야 합니다.

제 이야기를 들려드리겠습니다. 저는 먼저 교류수업 학교에 방문하였습니다. 교장 선생님을 비롯한 여러 선생님들을 만나 인사하는 외교적 의미도 있지만 학생 방문 일에 진행할 교육 행사 활동을 직접 논의할 수 있습니다. 학교의 여러 공간을 둘러보면서 무엇을 준비해야 할지도 생각해 볼 수 있습니다. 학교 방문의 구체적인 시각과 행사 식순을 정하였고 학생들의 문화공연과 교실수업 참여 활동에 관해서도 이야기를 나누었습니다.

그렇게 정한 교류학교 방문 행사의 식순은 이렇습니다.

〈SDN Ujung Menteng 01 Pagi 교류학교 방문 국제교류 행사〉

9:00 교류학교(SDN Ujung Menteng Jakarta) 도착
9:00~8:10 리셉션(Penyambutan)
9:10~9:15 무대로 이동(Jalan ke panggung)
9:15~9:25 환영의 춤(Tari selamat datang)
9:25~9:35 SDN Ujung Menteng 01 교장 연설
(Sambutan Kepala Sekolah SDN Ujung Menteng 01)
9:35~9:45 전주전라초등학교 교장 연설
(Sambutan dari Jeonju Jeolla)
* 이창근 교사 인도네시아어 통역
9:45~9:50 두 학교의 축하 선물 교환식
(Selebrasi dari kedua sekolah)
9:50~10:20 한국 측 방문 학생단 공연
(Korean Students perform)
10:20~10:30 무술 공연(Penampilan silat)
10:30~10:40 우산춤(Tari Payung)
10:40~10:45 폐회 및 함께 기도(Penutup/doa bersama)
10:45~11:45 정원 방문(Kunjungan ke kebun)
11:45~11:55 수확하기(Panen bersama)
11:55~12:30 실외 및 실내 활동(Out door/Indoor activities)
12:30~12:35 사진촬영(Foto bersama)
12:35~13:00 점심식사(Makan Siang)

특히 사전답사 때 교류학교를 방문하게 되면 컬처박스 물품을 직접 교환하기도 좋습니다. 제가 학교를 방문한 날은 금요일 오후 시간이라 정

규 수업 일정이 다 끝난 시각이었는데, 감사하게도 많은 학생들과 학부모님들이 제 방문을 기다려주셨습니다. 그래서 학생, 학부모님들에게 한국에서 가져온 컬처박스 물품을 소개해주고, 이들이 우리 학교 학생들을 위해 준비한 선물들도 받아온 기억이 납니다.

사전답사로 교류학교를 방문하는 모습

사전답사 식당 방문에서는 식당 위생 상태 확인이나 단체석 공간 확인뿐만 아니라 다양한 음식을 맛볼 수 있도록 메뉴를 확인하고 나중에 요청할 수 있습니다. 예를 들면 인도네시아 전통식당에 방문할 때에 학생들이 다양한 음식을 맛볼 수 있도록 "(요청음식: 4인상 기준) Gurame

Asam Manis, Tumis Pucuk Labu(호박잎무침), Tahu goreng, Me goreng, Nasi Capcai, Bakwan Campur, 음료는 개인 선택"과 같이 위탁 여행사에 구체적인 요구사항을 제안할 수 있습니다. 그리고 사전 답사 현장에서 확인해본 동선이나 일정 진행 등에서 불편함을 발견하면, 현장 가이드와 함께 일정 순서 등을 조정하는 회의도 합니다.

현장 가이드와 함께 식당 메뉴와 일정을 논의하는 모습

특히 이번 방문에 저는 교류학교의 방문뿐만 아니라 한국 측에서 행사 공간을 대관하여 교류학교 교육가족들을 초청하는 행사를 계획하였습니다. 그래서 자카르타의 여러 사람들에게 도움을 받았습니다.

먼저 현지 한인회 관계자들을 만나 협의하였습니다. 한인회에서는 교류학교 방문행사 및 초청행사의 현지 한인언론사 취재와 초청행사 인도네시아어 통역진행 지원을 약속하였습니다. 그리고 현지 교류학교에 한국 동화책이나 다양한 물품들을 기증하여 코리안 코너를 만들어주면 어떻겠

느냐는 아이디어를 내어 현장체험학습 방문때 진행하기로 하였습니다.

그리고 한인니문화연구원 원장님을 만나 교류학교의 학생, 학부모, 교사들을 초청하는 문화교류 행사를 어디서 어떻게 준비할지 논의하였습니다. 전체적인 큰 그림은 제가 계획하지만 행사에 필요한 공간을 꾸미는 일, 전문문화공연팀을 섭외하는 일, 행사에 필요한 음식 등을 준비하는 일은 연구원 측에서 도맡아주었기에 큰 행사를 기획할 수 있었습니다. 그래서 저는 행사 진행 식순이나 내빈 명단 정리, 학생 문화공연에만 집중할 수 있었습니다.

한인회 협조사항 협의, 한인니문화연구원 원장님과 행사 논의 모습

교류학교 초청행사의 식순은 이렇습니다.

〈한인니문화연구원 협조 인도네시아 현지 교류학교 초청행사〉

14:30~14:35 개회사

14:35~14:50 대한민국, 인도네시아 국가연주(앙끌룽 공연팀)

14:50~14:55 전주전라초등학교 교장 환영 인사

14:55~15:05 주인도네시아 대한민국 대사 및 인도네시아 교육부 관계자 축사

15:05~15:10 Ujung Menteng 01 Pagi 교장 감사 인사

15:10~15:25 선배 한국 학생의 국제교류 이야기 발표
(김재이, Sinarmas World Academy 11학년)

15:25~15:40 잠시 휴식 및 학생 문화공연 준비

15:40~16:20 각 학교 학생들 준비한 문화공연 실시

16:20~16:50 앙끌룽 학생연주
(인도네시아 전통곡 1곡, 한국 전통곡 1곡)

16:50~17:20 Tari Betawi - Selamat Datang 공연 및 학생 체험

17:20~17:40 폐회사 및 단체 사진 촬영

17:40~18:30 한인니문화연구원 내 저녁식사(인도네시아와 한국의 잔치상 준비)

* 교류 학교 차량 왕복 지원

* 현지 한인언론사(인도네시아 한인포스트) 취재 및 인터뷰

초청행사의 진행도 고민해야 합니다. 서로 다른 두 나라의 참석자들이 모이기 때문에 한국어와 인도네시아어로 동시에 진행해야 합니다. 2018년도에 제가 자카르타 한국학교에서 영재교육센터를 운영하며 만나 현재는 국제학교에 11학년 학생으로 재학 중인 김재이 학생의 도움으로 한국어/인도네시아어 공동 진행을 준비할 수 있었습니다. 행사 진행 대본 예시를 공유합니다.

초청행사 진행 대본과 학생 특강 내용을 함께 온라인으로 협의하는 모습

Korean	English & ppt	Bahasa Indonesia
** 행사 시작 전에는 국제교류 활동 관련 활동 영상을 화면에 재생하기 행사 식순 1. 개회사 2. 양 국가연주(앙끌룽) 3. 전주전라초등학교 교장 환영 인사 4. 내빈 축사 5. 선배 한국 학생의 국제교류 이야기 발표 6. 학생 문화공연 7. 초청 공연팀 공연 - 브따위춤 - 사만춤 - 앙끌룽 합주(학생참여) 8. 폐회사 및 단체 사진 촬영 9. 저녁식사	Order of events 1. Opening remarks 2. Performance of both national anthems (Angklung) 3. Welcoming message from the principal of Jeonju Jeolla Elementary School 4. Guest congratulatory address 5. Presentation of international exchange story by senior Korean student 6. Student cultural performance 7. Performance by invited performance team - Tari Betawi - Tari Saman - Angklung Ensemble (student participation) 8. Closing remarks and group photo shoot 9. Dinner	

- 안녕하세요. 저는 한국의 전주전라초등학교에서 근무하는 교사 이창근입니다. 만나서 반갑습니다. 오늘의 이 특별한 문화교류 행사가 모두가 잊지 못할 큰 추억으로 남기를 기대합니다. (한국어/인도네시아어 셀프)
  Senang bertemu dengan Anda. Saya berharap acara pertukaran budaya khusus hari ini menjadi kenangan yang tak terlupakan bagi semua orang.
- 재이 자기소개(학교 이름 소개, 오늘 행사에서 인도네시아어 진행과 통역 역할 소개) (한국어/인도네시아어 셀프)

- 오늘 인도네시아 학교 초청 문화교류 행사에 참여해주신 모든 분들 감사합니다. - 행사는 이러한 순서로 진행됩니다.	CULTURAL EXCHANGE IN JAKARTA JEONJU JEOLLA ELEMENTARY SCHOOL & UJUNG MENTENG 01 PAGI JAKARTA	- Terima kasih kepada semua yang telah berpartisipasi dalam acara pertukaran budaya dengan sekolah Indonesia hari ini. - Acara akan diadakan dalam urutan ini.
- 개회사와 더불어 한국과 인도네시아 국가를 앙끌룽으로 연주합니다. - 전주전라초등학교 교장선생님의 환영인사와 내빈 축사가 있겠습니다. - 선배 한국 학생의 국제교류 이야기 발표가 있겠습니다.	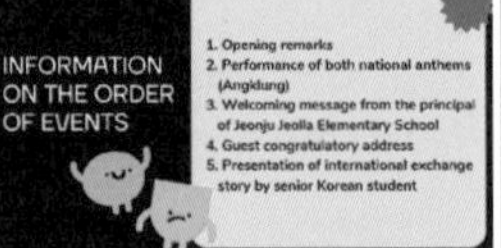	- Selain sambutan pembuka, kami akan memperdengarkan lagu kebangsaan Korea dan Indonesia dalam angklong. - Akan ada ucapan selamat dari kepala sekolah SD Jeonju Jeonra. - Murid senior Korea akan mempresentasikan tentang pertukaran internasional.
- 한국학교 학생들과 인도네시아 학생들의 문화 공연이 있습니다. - 초청 공연 팀의 공연이 있는데 순서는 브따위춤, 사만춤, 학생들이 함께 참여하는 앙끌룽 합주가 있습니다.	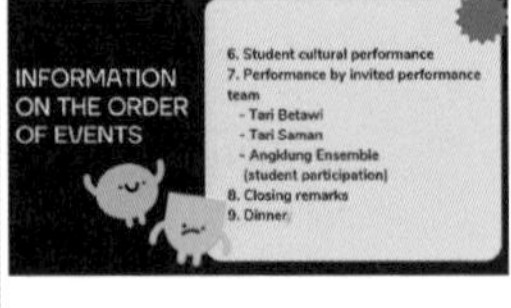	- Ada pertunjukan budaya oleh siswa Korea dan siswa Indonesia. - Ada pertunjukan dari tim pertunjukan tamu, dan secara berurutan ada Tari Betawi, Tari Saman, dan ansambel Angklung bersama siswa.

<table>
<tr><td>- 폐회사와 단체 촬영을 마친 후에는 모두 함께 저녁식사를 할 예정입니다.</td><td>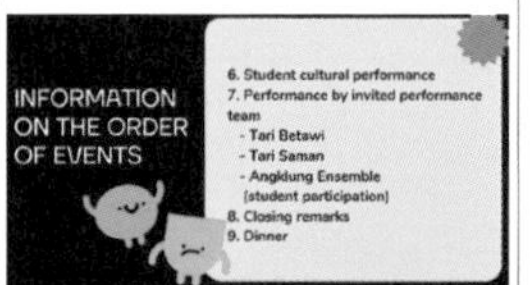
</td><td>- Setelah pidato penutupan dan grup foto sesi, kita semua akan makan malam bersama.</td></tr>
<tr><td>- 먼저 양 국가의 국가연주가 있겠습니다. 초청 앙끌룽 연주 팀에게 큰 박수 부탁드립니다.</td><td>
</td><td>- Pertama ada pertunjukan lagu kebangsaan kedua negara dalam angkung. Mohon berikan tepuk tangan yang meriah kepada tim tamu.</td></tr>
<tr><td>- 전주전라초등학교 교장 선생님의 환영 인사가 있겠습니다.</td><td>
</td><td>- Akan ada ucapan selamat datang dari kepala sekolah SD Jeonju Jeolla.</td></tr>
<tr><td>- 내빈 소개 및 축사가 있겠습니다.</td><td>
</td><td>- Kami akan memperkenalkan tamu kami yang akan memberikan pidato ucapan selamat</td></tr>
<tr><td>- 다음 순서는 김재이 학생의 국제교류 이야기 발표입니다.
- selanjutnya adalah presentasi cerita pertukaran internasional oleh siswa Jae-i Kim. (이창근, 한국어/인니어)</td><td>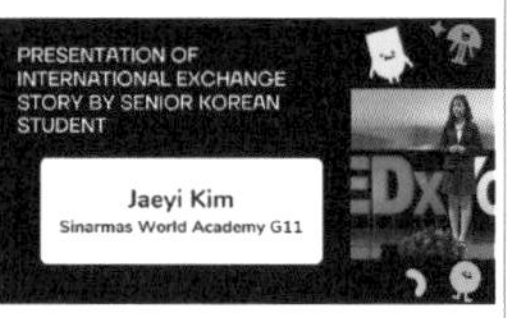
</td><td>여기서 재이는 소개받고 자연스럽게 인사하고 설명 시작</td></tr>
<tr><td>- 학생 문화공연 순서입니다.
- 인도네시아 학생들의 silat과 butterfly dance를 먼저 보고, 한국 학생들의 한삼춤과 K-POP 댄스를 보겠습니다.</td><td>
</td><td>- Ini urutan pertunjukan budaya siswa.
- Pertama mari kita lihat Tari Silat dan Tari Kupu-kupu murid Indonesia, lalu Tari Hansam dan tari K-POP dari murid Korea.</td></tr>
</table>

- 초청 공연 팀의 공연을 감상하겠습니다. - 먼저 브타위 춤입니다. 큰 박수 바랍니다. - 두 번째 순서는 사만 춤입니다. - 마지막 공연은 앙끌룽 합주인데 한국과 인도네시아 학생들이 함께 연습해보고 합주해보는 시간을 갖겠습니다.		- Kami akan menonton pertunjukan tim pertun-jukan tamu. - Pertama adalah Tarian Betawi. Mari kita beri tepuk tangan meriah. - Yang kedua adalah Tarian Saman. - Pertunjukan terakhir adalah ansambel Ang-klung. Siswa Korea dan Indonesia akan berlatih dan tampil bersama.
- 이상으로 오늘 행사를 마치겠습니다. 바쁜 와중에도 참여해주신 모든 분들 감사합니다. 사진촬영을 마치고 저녁식사 하겠습니다. 오늘 한국의 잔치상과 인도네시아의 잔치상을 준비했습니다. - 감사합니다. - 사진촬영이 있습니다. 학생 촬영 먼저 하고 모두 함께 촬영하겠습니다.		- Kami akan mengakhiri acara kami di sini. Terima kasih semua telah berpartisipasi dalam acara ini meskipun sibuk. Mari kami mengikuti sesi grup foto dan makan malam bersama. Hari ini, kami menyiapkan santapan Korea dan santapan Indonesia. - Ada sesi group foto. Mari kita ambil foto siswa dulu, lalu kita semua akan berfoto bersama.

한국에서 비행기로 7시간 30분을 날아 온 초등학생들, 그리고 인도네시아의 초등학생들이 만드는 이 뜻깊은 교육 행사에 좋은 손님들이 함께 했으면 하는 바람이 있었습니다. 주 인도네시아 대한민국 대사관에서 대사님 또는 영사님께서 이 행사에 직접 참석하여 축사를 해주시기로 했습니다. 그래서 사전답사 일정 중에 대사관에 직접 방문하여 담당 참사관

님과 여러 사항을 협의하였습니다. 이 자리에서 학생들의 대사관 견학과 외교관 직업교육 활동도 추가로 지원해주시기로 약속해주셨고, 그래서 원래의 현장체험학습 일정에 대사관 견학 일정이 추가로 편성되게 되었습니다.

대사관 사전방문 및 행사 논의 모습

〈주인도네시아 대한민국 대사관 방문 견학〉

9:30~10:00 대사관 관계자 환영인사 및 대사관 시설 견학
10:00~10:30 대사관이 하는 일 및 주인니 대사관의 국제교류 사업 사례 안내
10:30~11:30 직업교육: 외교관과의 만남, 질의응답

인도네시아에는 유네스코 세계문화유산으로 등재된 바틱 무늬가 아주 유명합니다. 이 바틱 옷을 입고 공식 행사에 참석하면 마치 우리가 정장을 입은 것과 같이 격식을 차린 것으로 볼 수 있습니다. 현장체험학습에 참여하는 학생들과 선생님들이 바틱 옷을 입고 교류행사에도 참여할 수 있도록 바틱 전문 업체를 방문하였습니다. 나중에 학생들은 이곳에서 바틱 무늬 제작과정을 직접 체험하는 프로그램을 참여할 것입니다. 그리고 학생들은 제가 미리 주문하여 테일러가 제작한 바틱 전통의상을 입고 런웨이를 걸어볼 예정입니다.

바틱 전문 업체를 방문하여 확인하는 모습

5

자, 인도네시아로 해외현장체험을 떠나자!

앞선 과정을 통해 현장체험학습을 떠날 준비를 모두 마쳤습니다. 이 해외현장체험학습 사례는 해외교류현장에서 실시한 국제교류 행사들이 돋보이는 사례라고 볼 수 있습니다. 다만 이렇게 특별할 수 있었던 것은 제가 인도네시아의 한국학교에 근무했다는 남들과 조금 다른 이력 덕분이기도 합니다. 인도네시아에 생활하면서 쌓은 이 나라에 관한 다양한 지식과 인도네시아어 구사 능력, 그리고 자카르타 한인사회 인맥들의 도움이 컸습니다. 독자들은 이를 참고하여 읽어주시기 바랍니다.

1학기부터 실시한 온라인 국제교류 수업의 참여도를 비롯한 여러 선발 기준을 적용하여 선발된 16명의 4학년 학생들과 함께 10월에 인도네시아 해외 현장체험학습을 떠나게 되었습니다. 일반적인 해외여행과 이 국제교류 해외 현장체험학습의 차별 점은 모든 일정이 교류수업 활동의 목적성을 띄고 있다는 점입니다. 화면 속에서만 만나던 인도네시아 선생님과 학생들을 직접 만나는 일은 설레는 일이었습니다. 직접 웃고 떠들며 친구가 되는 시간은 정말 특별하였습니다.

교류학교에서 만난 인도네시아 사람들은 따뜻한 정이 가득했습니다. 현장 체험학습 기간 동안 교류수업 협력학교인 자카르타의 SDN Ujung Menteng 01 Pagi를 방문하게 되었는데, 학교를 입장하는 순간부터 전율이 느껴졌습니다. 학교 학생, 선생님, 학부모, 자카르타 교육청 초등교육 담당 부서원들까지 모두 일렬로 도열하여 양 나라의 국기를 흔들며 환영해주던 모습은 평생 잊지 못할 장면입니다.

학교 입장 순간 반겨주는 모든 학교 구성원들의 모습

이 날을 위해 무려 3개월을 준비했다고 합니다. 학생과 교사들이 준비한 다채롭고 짜임새 있는 문화공연과 문화체험 부스는 저의 유년시절 대운동회와 학습발표회를 준비하던 초등학교 시절이 떠오르기도 합니다. 온 학생들과 학부모들이 함께하는 그 어릴 적 학교 행사들 말입니다.

인도네시아 학생들은 전통 우산 춤(tari payung)[1], 닭 춤(tari ayam)[2]과 태권도 공연 등 다채로운 공연을 준비하였고, 선생님들은 학교 교실수업 참관 프로그램과 학교 정원에서 직접 재배한 작물들을 이용하여 다양한 음식 문화 코너를 준비했습니다.

수파르디(Supardi) 교장 선생님은 "학생들은 본인이 직접 심고 기른 과일을 따먹으며 노력의 결실이 얼마나 큰 것인지 깨닫고 인내심과 책임감을 항상 시킬수 있다."며 "교육은 교실 안뿐만 아니라 햇빛이 내리쬐는 텃밭에서도 이루어질 수 있다."라고 말씀하셨습니다.

학교 학부모회는 한국에 남아있는 학생들 숫자까지 학생들 문화 기념품을 준비해 주었을 뿐만 아니라 인도네시아 여러 지역을 대표하는 다양한 음식들을 고민하여 점심식사를 준비해주기까지 하였습니다.

한국 팀은 기존에 전달한 한국 컬처박스 물품과 인도네시아 한인회에서 협조하여 기부 받은 한국 책 등을 합하여 교류학교에 코리안 코너를 만들어 주었습니다.

---

1 따리 파융(tari payung)는 인도네시아 수마트라에 있는 미낭카바우(Minangkabau)–말레이(Malay) 소수민족의 전통 민속무용극이다. 파융은 이 춤에 사용되는 주요 소품으로 우리말로 우산을 뜻한다.

2 따리 아얌(tari ayam)은 인도네시아의 전통 무용 예술 중의 하나로 "닭 춤"이라는 뜻이다. 이 춤은 자바섬에서 유래되었으며, 춤의 주요 요소는 닭의 동작과 자세를 모방하는 것이다. 전통적인 의미와 함께 지역의 문화와 농업 생활을 반영한 점이 특징이다.

SDN Ujung Menteng 01 Pagi 학교 방문 활동 모습

이번 현장체험학습을 기획할 때에 저는 교류학교 방문뿐만 아니라 자카르타에서 아주 특별한 행사를 준비했습니다.

교류학교의 초청손님으로서 대접만 받지 않고, 반대로 돌려줄 만한 일이 없을까 고민을 하다 한인니문화연구원(Indonesia Korea Culture Study)의 협조를 받아 코리아센터를 대관하여 교류협력학교의 학생, 선생님, 학부모들을 초청하는 특별한 행사를 준비하게 되었습니다.

이 행사에는 주 인도네시아 대사관 공사님, 자카르타 교육청 초등교육 국장님도 내빈으로 참석하였습니다.

인도네시아에 사는 한국 교민이자 선배 학생(김재이, Sinarmas World Academy 11학년)의 특별한 국제교류 경험 이야기 특강으로 시작한 교류 행사가 시작되었습니다.

한인포스트[3] 학생기자이기도 한 김재이 학생은 '동화 쓰는 안과의사라는 꿈을 향해'라는 주제로 강의를 진행했습니다. 인도네시아 안과의사협회(PERDAMI)를 따라 섬마을로 의료 봉사를 간 뒤 협회와 10명의 백내장 환자의 수술을 지원하는 프로젝트 이야기 외 다양한 이야기를 한국어와 인도네시아어를 동시에 사용하며 후배 학생들에게 들려주었습니다.

선배교사의 특강 후에는 자리에 참석한 한국과 인도네시아 초등학생들이 자랑스럽게 한삼춤[4], K-POP 랜덤댄스, 실랏 공연(silat)[5], 나비춤 등을 선보였습니다. 특히 마지막 순서로 인도네시아 전통악기 앙끌룽

3 인도네시아 한국 동포사회의 소식을 알리는 언론사이다.

4 한삼춤이란 우리의 전통 한삼천을 양손에 끼워 덩실덩실 추는 춤으로 탈춤과 비슷하다.

5 실랏이란 인도네시아 전통무술로, 동남아시아 전역에서 다양한 형태로 발전한 무예이다. 실랏은 다양한 손발 기술, 공격 및 방어 기술, 권총 및 단검 사용 등을 포함한다.

(angklung)을 이용하여 참가자 모두가 하나의 곡을 연주하며 소통과 화합을 즐기는 순간을 보냈고, 한국과 인도네시아 각각의 잔치상을 준비하여 함께 음식을 나누는 시간도 가졌습니다.

특히 한국과 인도네시아 초등학교 학생들의 특별한 교류활동 자리를 빛내주기 위해 참석해주신 주 인도네시아 대한민국 대사관 관계자 분들이 참 감사했습니다. 행사 예정 장소는 자카르타인데 한국에서 이를 준비하는 동안 제 머리 속 상상의 교류행사를 현실화시키는데 물심양면 도움을 주셨던 한인니문화원 관계자분들의 헌신도 있었습니다. 한국과 인도네시아 사람들이 함께하는 행사는 한국어와 인도네시아어로 동시에 진행되었는데, 자카르타 한국학교 부설 영재교육원 담당 운영교사 시절에 영재 수업의 인연으로 만난 김재이 학생이 진행 뿐 아니라 선배교사 특강 역할까지 맡아주어 더 멋진 행사를 기획할 수 있었습니다. 수많은 사람들의 관심과 도움이 모여 만든 특별한 행사가 이날 참석한 많은 사람들에게 오래 기억에 남고 한국과 인도네시아가 조금 더 가까워지는 작은 씨앗이 되길 바랍니다.

인도네시아 교류학교 초청 교류행사 장면

자카르타에서 교류학교 초청행사를 기획하며 주 인도네시아 대한민국 대사관과 연락을 주고받게 되었는데 이 과정에서 대사관 측에서 교류행사의 내빈 참석뿐만 아니라 한국 초등학생들의 대사관 견학 프로그램을 지원해주기로 하였습니다.

협조 연락을 주고받았던 참사관님이 직접 학생들을 인솔하여 대사관 견학시켜주셨습니다. 학생들은 곳곳에서 설명을 들으며 대사관이 하는 일과 역할을 알 수 있었습니다. 그리고 외교관과의 만남 시간을 통해 학생들의 직업교육도 이루어졌습니다. 학생들은 이 시간을 통해 외교관으로서의 역할과 중요성을 배울 수 있었고, 외교 활동의 현장을 직접 경험했습니다.

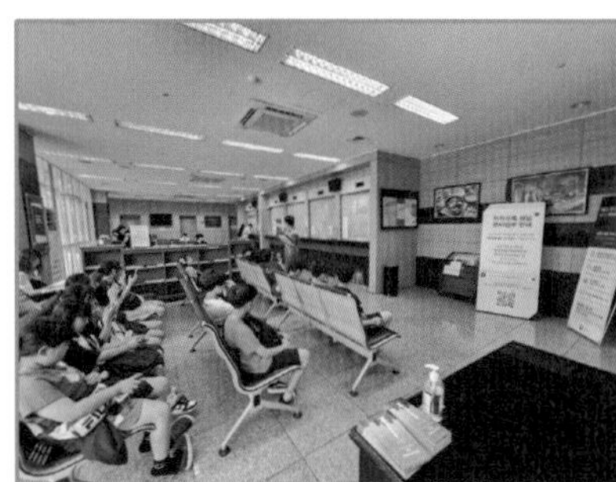

대사관 민원실 견학과 외교관 직업교육 모습

국제교류 행사들과 대사관 견학 일정을 마친 뒤에는 인도네시아 문화와 자연을 경험할 수 있는 현장체험지를 방문하였는데, 그중 인도네시아 바틱 체험교육과 온라인 교류수업 주제로 다루었던 브로모 화산은 특별했습니다. 나중에 학생들의 소감을 물었을 때에 교류행사도 정말 특별했지만 브로모 화산을 방문한 일을 가장 기억나는 일로 꼽는 학생들이 제일 많았습니다. 아마 이 학생들은 나중에 학교에서 화산이나 지진과 관련한 과학 수업을 만날 때면 어느 누구보다도 적극성을 띠고 수업에 참여하지 않을까 싶습니다.

바틱 체험 및 브로모 화산 방문 모습

6

우리 학생들은 무엇을 느꼈을까?

국제교류 수업과 해외 현장체험학습을 마친 후 학생들과 여러 소감을 나누었습니다. 화면에서만 만나던 인도네시아 학생들을 교류학교 방문을 통해 직접 만나서 친구가 될 수 있었다는 점이 좋았다는 학생, 대사관 방문을 통해 외교관이라는 직업을 처음 알게 되었는데 이제는 운동선수가 아니라 외교관이라는 직업이 내 꿈이라는 학생, 화산 관련 수업을 했는데 인도네시아를 대표하는 화산을 직접 방문해보니 정말 웅장하고 앞으로 과학시간에 화산 단원을 배우게 되면 특별한 마음이 들 것 같다는 학생 등 다양한 소감이 있었습니다.

학생들이 남긴 소감 중 인상 깊은 2편을 소개합니다.

〈전주전라초등학교 이○○〉

국제 교류 학생이 되기 위해 활동에 참가해서 다양한 면접, 동영상, 글을 만들고 제출하며 결국 국제 교류 학생이 되었다. 합격 소식에 매우 기뻤다. 인도네시아에 가기 전부터 줌 수업, 문화공연 준비를 하면서 인도네시아에 가는 날이 가까워지고 있어서 설레고 기뻤다. 막상 인도네시아에 가는 날이 되니 가족들과 10일 동안 헤어져야 해서 조금 슬프기도 했지만 한편으로는 기다리던 인도네시아에 가게 되어 좋았다.

인도네시아에 도착하니 '아! 여기가 인도네시아구나!'라는 생각도 들고, 지금까지 연습하고 준비했던 것들이 생각나 뭉클해졌다.
첫 날에 교류학교에 가니 많은 친구들이 인도네시아와 우리나라 국기를 흔들며 반겨주었다. 그때를 생각하니 인도네시아든 우리나라든 누군가를 환영하는 것은 비슷하다고 느껴진다. 교류학교 친구들의 문화공연을 보고, 우리가 준비해 간 공연을 하며 즐기고 나니 온몸에 힘이 쭉 빠져서 힘들었지만 인도네시아 친구들의 활기찬 모습에 다시 기운을 낼 수 있었다. 해외 현장체험학습 기간 동안 많은 활동을 했지만 그 중에서도 브로모 화산에 갔던 것이 가장 인상 깊었다. 책에서만 보던 화산을 직접 보니 신기했고, 화산을 오르던 중간에 힘들어 하던 친구를 응원해주고 서로 보탬이 되어 주면서 더욱 단합되었던 것 같다.

모든 활동을 마치고 나니 중간 중간 힘들 때도 있었지만 선생님, 친구들과 함께 한 시간들이 즐거운 경험이었다는 생각이 들었다. 또 우리나라와 다른 나라에 대한 차별이 사라지는 것 같았다.
이 세계에는 우리나라 외에도 다양한 나라와 문화가 존재한다는 것을 깨달았다.
앞으로는 우리나라뿐만 아니라 다른 나라의 이야기에도 관심을 갖고, 내 꿈에 적용시켜 봐야겠다. 그리고 내가 체험한 이 모든 일들은 선생님들이 없으셨다면 불가능한 것이었다. 나와 친구들을 위해 수고해주신 선생님들께 항상 감사해야겠다.

〈자니뜨라(Janitra), SDN Ujung Menteng 01 Pagi〉

전주전라초등학교 친구들에게
제 이름은 Janitra입니다. 특별히 저희 학교인 SDN Ujung Menteng 01 Pagi를 찾아주셔서, 그리고 제 조국 인도네시아에 와주셔서 감사합니다.
2023년 7월에 선생님께서 올해 10월에 한국 친구들이 우리 학교를 방문할 것이라고 말씀하셔서 너무 기대됩니다. "그게 사실인가요?" 내 친구들 대부분이 그것에 대해 물었습니다. 지난 8월 이창근 선생님이 우리 학교에 사전 방문한 것을 보고 더욱 설렜습니다. 이 선생님은 한국에서 정말 많은 문화 물품을 가져오셨습니다. 와, 우리는 텔레비전이나 유튜브에서만 접하던 한국문화 물품을 실제로 보게 되었습니다.

우리는 한국 친구들을 맞이하기 위해 인도네시아 문화 공연, 인도네시아 전통 게임 설명 연습, 음식과 음료 등을 준비했습니다.
마침내 10월에 그들이 왔고, 우리는 그들을 진심으로 환영했습니다. 교장선생님, 이창근 선생님, 유라 선생님 그리고 한국인 친구들. 그 당시 자카르타는 너무 더웠어요. 그래서 저희는 그들을 위해 발리 전통부채를 준비했습니다. 나는 그들이 더위를 느끼는 것을 보았고 약간 피곤해하기도 했지만 우리 모두는 정말 행복했습니다. 우리는 각자 준비한 문화 공연을 했고, 한국 친구들이 우리를 위해 노래도 불러주었습니다. 그 후 우리는 정원으로 가서 벨림빙(스타프루츠), 세망카(수박), 루작 캉쿵, 바나나 등의 과일을 맛보고 수업에 참여하도록 요청했습니다. 내 한국 친구들이 마라위 게임을 하는 걸 봤어요. 10월 14일, 우리는 한국대사관에 초대되어 많은 공연을 관람하고 함께 저녁 식사를 했습니다. 저는 한국대사관에 한 번도 가본 적이 없어서 기뻤습니다. 한국 친구들의 공연을 보고 서로 이야기를 나누었습니다. 그리고 우리는 매우 가까워진 느낌을 받았습니다.
나는 한국 문화에 대해 더 알고 싶습니다.

Aku berharap teman-teman bisa bermain dan berkunjung kembali ke Indoneisa. 코리안 코너를 지나갈 때마다 우리는 한국 친구들을 다시 만나기를 원합니다. 저는 한국 친구들과 다시 어울려 놀고 그들이 다시 우리 인도네시아를 방문하기를 바랍니다.

Terimakasih Ibu Kepala Sekolah, Mr.Lee, Ms.Youra dan teman-teman. Sampai jumpa lagi.
한국 학교 교장선생님, 이 선생님, 유라 선생님, 그리고 친구들! 감사합니다. 꼭 다시 만나요.

직접 부딪히는 세계문화 ②
뉴질랜드 해외현장체험학습

김민준 교사의 국제교류 수업 연계
해외현장체험학습 추진 수기

1

전교생이 24명인 학교는 참가 학생을 어떻게 선발할까?

초처초등학교의 경우 전교생이 24명인 소규모 농어촌학교입니다. 그래서 국제교류 수업 연계 해외현장체험학습에 참여할 학생을 선발하는 것이 아닌 3~6학년 학생 중 참가 희망을 받았습니다. 즉 지원하면 모두 갈 수 있었습니다. 3~6학년이 모두 참가하면 16명인 상황이었고 도교육청 정책상 최대 16명이 국제교류를 지원받을 수 있었습니다. 초처초등학교는 말레이시아, 뉴질랜드와 온라인 국제교류를 진행했었습니다. 이 두 나라 중 해외현장체험학습을 갈 나라를 골라야 했는데 학생들과 학부모들의 의견을 반영한 결과 뉴질랜드를 더욱 선호하여 뉴질랜드로 국제교류 수업 연계 해외현장체험학습을 떠나게 되었습니다.

우리 학교의 경우 3~6학년 16명 중 13명의 학생이 해외현장체험학습을 신청했습니다. 나머지 3명의 학생은 개인적인 이유로 해외현장체험학습을 신청하지 않았습니다. 이때 학생들의 출결은 어떻게 처리하는지 궁금하실 겁니다. 출결의 문제는 또 학년마다 다른 상황이 벌어졌습니다. 3학년 같은 경우 해외현장체험학습이 결정되고 난 후 2학기에 1명의 학생이 전학을 왔습니다. 전학을 오기 전 이미 여행사와 계약이 완료된 상태라 해외현장체험학습에 참여할 수 없었습니다. 그래서 3학년 담임인 저와 1명의 학생이 반을 떠나게 되는 상황이었습니다. 4학년은 4명 중 2명의 학생이 개인적인 이유로 해외 현장 체험학습을 신청하지 않았습니다. 5학년 학생 중 1명이 신청하지 않았습니다. 6학년은 4명의 학생이 모두 신청하게 되었습니다. 그래서 학교 국제교류운영위원회에서 회의를 통해 3~5학년은 정상적으로 교육과정을 운영하되 해외현장체험학습을 떠난 학생들은 출석 인정 결석으로 처리하였습니다. 그리고 3~4학년 담임이 인솔 교사로 참여하였기에 3~4학년은 임시담임이 배치되었습니다. 4학년 임시담임은 교과전담 선생님이 맡아주셨고, 3학년 임시담임은 교육청에서 파견교사를 지원해주셨습니다. 5학년도 1명을 제외한 나머지 학생들은 출석 인정 결석으로 처리하였고 현장체험학습에 가지 않은 1명은 5학년 담임선생님과 정규교육과정을 진행하였습니다. 6학년은 현장체험학습으로 처리하였습니다. 사실 이런 사례가 흔치 않다 보니 기존의 사례도 찾을 수 없었고 어떻게 처리해야 할지 매우 어려웠습니다. 그래서 국제교류운영위원회에서 수없이 많은 논의를 진행한 끝에 내린 결론이었습니다. 초처초등학교의 사례가 다른 학교에 참고가 될 수 있었으면 좋겠습니다.

이렇게 참가 희망 신청을 받다 보니 학생 선발을 하지 않아도 되는 장점이 있었지만, 단점도 존재했습니다. 앞선 전라초등학교의 사례처럼 선발의 과정을 거쳐 학생들이 선정되면 선정된 학생들은 국제교류 수업과 해외현장체험학습에 대한 책임감과 과제수행의 의무감을 가질 수 있습니다. 혹시나 프로젝트 과정에서 성실히 참여하지 않는 학생은 다른 학생들로 대체될 수 있으니까요. 하지만 초처초등학교에서는 대체할 학생이 부족하고, 학생들은 신청만 해도 되니 국제교류에 참여할 수 있다 보니 프로젝트의 적극성과 책임감, 과제수행의 열의가 상대적으로 선발된 학생들보다 낮았습니다. 그렇기에 초처초등학교에서는 학생들의 책임감과 의무를 다할 수 있도록 큰 노력이 필요했습니다. 따라서 국제교류 프로젝트를 진행해본 결과 소규모 농어촌학교일지라도 선발 과정을 거쳐 학생들에게 어느 정도의 책임감을 부여하는 것이 더 나은 방법이라 생각됩니다. 학생들의 선발방법에 대해서는 앞선 이창근 선생님께서 이야기해주신 부분을 참고하면 큰 도움이 될 것입니다.

2

필요해? 사전답사?
필요해! 사전답사!

해외현장체험학습을 도와줄 여행사가 선정되었다면 해외현장체험학습 장소를 사전답사하시는 것을 강력히 추천합니다. 왜냐하면 여행사는 기본적으로 관광, 상업 쪽 측면을 중점적으로 고려하고 교육적인 측면은 간과할 수 있습니다. 매일 학생들 교육만을 생각하는 교사들과는 여행사는 그 전문성이 다를 수밖에 없습니다. 그렇기에 협의한 일정이 학생들에게 교육적으로 적합한 장소인지, 식단은 학생들에게 적합한지 직접 눈으로 보고 확인해야 합니다. 실제로 초처초등학교에서는 사전답사에서 이와 같은 내용들을 점검하였습니다. 점검 결과 기존에 저와 여행사가 협의를 통해 나온 일정에서 학생들에게 부적합하다는 생각이 드는 부분들이 발견되어 수정했습니다.

〈주요 점검 내용〉

- 1~2일 차: 공항버스와 항공기 이용 동선과 시간, 안전사항 점검,공항 내 식사 장소 및 화장실 확인, 도착 후 첫 석식 장소 점검
- 3일 차: 주요 프로그램 점검(스카이곤돌라, 루지, 와카티푸 호수) 및 **체험학습 동선 확인 수정**, 교육자료 수집, 현지 식사 및 숙소 점검
- 4일 차: 주요 프로그램(밀포드사운드)의 이동 동선 및 안전사항 점검, 교육자료 수집
- 5일 차: 현지 코디네이터와 국제교류 수업 대상 학교선정 진행방식 협의,주요 프로그램 점검 및 **동선 수정(애로우타운, 카와루 번지센터)**
  중식 장소 확인, 마운트 쿡 동선 확인 및 안전사항 점검테카포 호수 석식장소 및 숙소 확인, 교육자료 수집
- 6일 차: 국제교류 수업 대상 후보 학교 방문 및 수업 내용 조율 및 일정 협의,주요 프로그램 점검 및 **동선 수정(남극센터, 헤글리 공원, 보타닉가든)**
  현지 식사 및 숙소 점검(본 여행 2박 예정 장소)

이 외에도 실제 장소를 답사하면서 학생들이 각각의 장소들을 방문하였을 때 어떤 활동을 진행하면 적합한지 눈으로 보고 준비하는 것과 사진으로만 보고 준비하는 것은 큰 차이가 있을 것입니다.

사전답사를 갈 때 고려해야 하는 점은 크게 4가지입니다. 첫 번째 안전 점검입니다. 교사가 기획한 코스나 여행사가 제시한 코스가 학생들의 안전에 적합한지, 위험한 요소는 없는지 점검하는 과정이 꼭 필요합니다. 그리고 이 부분은 반드시 사전답사 보고서에 반영하여 후에 혹시나 생길지 모르는 사고에 대응할 수 있도록 해야 합니다.

퀸스타운 루지 탑승장

루지 탑승장 공사 현장

실제 일정에서 루지를 타는 곳이 한창 공사 중이었습니다. 이를 확인하고 이 내용을 해외현장체험학습을 떠나기 전 학교 사전안전교육 때 학생들에게 루지를 탑승할 때 발생할 수 있는 안전사고에 대해 알려주고 이를 예방할 수 있는 방법을 지도하였습니다.

밀포드 사운드 크루즈 문화탐방

크루즈 내 안전 위험 지역(사전교육)

밀포드 사운드를 방문하여 배를 탔을 때도 교사인 저도 멀미가 많이 났기 때문에 학생들의 멀미를 예방하고자 멀미약을 배를 타기 전에 미리 먹이겠다는 계획을 세울 수 있었습니다. 또한 3층 갑판으로 올라서면 학생들이 떨어질 수도 있겠다는 생각에 사전안전교육 시간에 이 내용을 지도하였습니다.

마운트 쿡 캐야 포인트 등산

마운트 쿡 캐야 포인트 등반 코스를 사전답사한 후에 길옆으로 경사지고 날카로운 돌들이 많은 것을 확인할 수 있었습니다. 그래서 마운트 쿡에서는 장난치면서 걷지 않는 것을 사전안전교육 때 강조하여 지도하였습니다.

두 번째로 사전답사 때 고려해야 할 부분은 바로 식사 문제입니다. 실제 일정 중에 퀸스타운의 퍼거버거를 점심 식사로 하는 일정이 있었습니다. 그런데 제가 먼저 먹어보니 보통의 버거를 주문하면 학생들에게 너무나 많은 양이 제공될 것 같다는 생각이 들었습니다. 그래서 여행사와 협의하여 가장 작은 버거를 학생용으로 주문하였습니다.

밀포드 사운드 방문 일정에 크루즈 안에서 점심을 먹는 일정이 있었습니다. 이때 저는 배에서 먹는 점심 식사가 속이 울렁거려 쉽지 않더라고요. 그래서 학생들에게 미리 이날 점심 식사는 많이 못 먹을 수 있으니 아침밥을 든든하게 먹을 수 있도록 안내했습니다. 하지만 제가 지나친 걱정을 했던 걸까요? 막상 학생들은 너무나 맛있게 먹었습니다.

그렇지만 패스트푸드를 좋아하던 학생들도 며칠 동안 한식을 못 먹으면 한식을 찾겠다는 생각이 들었습니다. 그래서 사전답사 때 미리 한식을 어느 정도로 배치할지 일정을 돌아보며 정했습니다. 마음 같아서는 하루에 한 번은 무조건 한식을 먹고 싶었으나 해외현장체험학습의 중요한 목적 중 하나가 문화탐방이기에 현지식을 많이 배치해야겠다는 생각이 들었습니다. 그래서 한식은 이틀에 한 번으로 여행사와 식사 일정 조정을 하였습니다.

세 번째로 고려해야 할 점은 숙소입니다. 숙소 같은 경우 13명의 학생

이 저녁에 모여 과제를 수행할 수 있는 공간이 있는지, 2명의 인솔 교사가 모두를 관리할 수 있는지를 중점적으로 살펴보았습니다. 그래서 여행사와 많은 협의를 한 후에 최대한 같은 숙소에서 묵는 방법으로 선택했습니다.

퀸스타운에서 3일 동안 묵을 숙소

이 사진처럼 퀸스타운에서는 펜션 하나를 통째로 빌려 숙소로 활용했습니다. 2명씩 한방을 쓰게 하였고 저녁 휴식 후 거실에 모여 안내 사항 전달 후 그날 있었던 일을 하루북에 기록하는 과제를 주었습니다. 이렇게 숙소를 쓰니 너무나 편리했습니다.

마지막으로 실제 계획한 동선을 따라 이동하면서 느껴지는 어려움이나 계획한 동선이 교사가 의도한 교육적 효과가 나타날 수 있는 동선인지 확인해야 합니다.

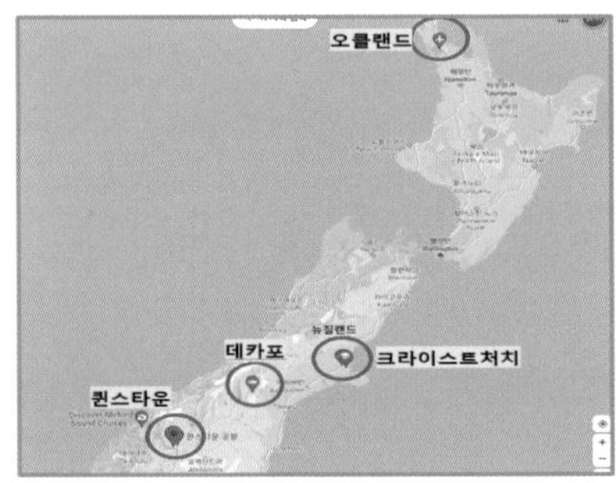

사전답사 동선 체크

실제로 동선을 따라 움직여보면 이 코스가 학생들에게 적합할지 아닐지 판단할 수 있습니다. 저 같은 경우 동선에 따라 이동하면서 실제 봤을 때 학생들에게 교육적으로 부적합하다고 생각한 동선들을 제외하고, 새로운 동선을 집어넣었습니다. 크라이스트처치에서 단순히 시내 탐방이었던 동선을 보타닉 가든과 남극센터 동선으로 수정했습니다. 퀸스타운에서 테 카포 호수로 이동할 때는 거리가 멀어 그 동선 안에 번지점프 명소를 방문하는 일정을 넣어 학생들이 이동만 하는 동선에서 활동을 할 수 있는 동선으로 만들었습니다.

3

떠나기 전 꼭 필요한 사전설명회

해외현장체험학습을 가기 전 교사에게는 많은 걱정거리가 있었습니다.

'해외에 있는 동안 학부모님들에게 어떻게 연락을 드려야 걱정을 안 하실까?'

'학생들이 나가서 말썽 피우고 문제를 일으키면 어떻게 하지? 나는 영어도 잘 못 하는데?'

'학생들이 해외현장체험학습에 필요한 준비물들을 모두 빠짐없이 챙겨올 수 있을까?'

'학부모들이 해외현장체험학습의 목적과 의도를 이해할 수 있을까?'

'우리 학생들은 놀러 간다고 생각하는 것은 아닐까?'

이런 걱정거리들을 해결하는 방법이 있습니다. 바로 해외현장체험학습 사전설명회를 학생과 학부모 대상으로 개최하는 겁니다. 참여할 학생과 학부모를 한자리에 모아서 교사가 염려하는 고민과 학부모들이 궁금한 부분, 고민하는 부분들을 서로 이야기 나누는 자리를 만드는 행사가 꼭 필요합니다. 그렇지 않고 서로 소통하지 않으면 불필요한 의견 충돌과 오해가 생길 수 있습니다. 그래서 우리 학교는 해외현장체험학습을 떠나기 2달 전 국제교류 수업 연계 해외현장체험학습 사전설명회를 개최하였습니다.

2023 뉴질랜드 국제교류 수업 연계 해외현장체험학습 학부모 · 학생 설명회

2023학년도 2학기가 되어 우리 아이들의 성장한 목소리가 학교에 울려 퍼지는 모습을 보니 너무나 기분 좋은 나날입니다. 드릴 말씀은 국제교류 수업 연계 해외 현장체험학습에 관한 학부모 · 학생 설명회를 아래와 같이 개최하고자 합니다. 해외 현장체험학습에 참가하는 학생 및 학부모님들은 꼭 참석해주시기 바랍니다.
본 설명회를 통해 해외 현장체험학습 운영에 관한 전반적인 내용, 주의 사항, 준비물, 안내 사항 등을 확인하시고, 자녀의 안전하고 교육적인 해외현장체험학습이 이루어질 수 있도록 도움 주시기 바랍니다.

1. 일시: 2023년 9월 20일(수) 14:00 ~ 16:30
2. 장소: 초저초등학교 꿈샘터
3. 대상: 국제교류 수업 연계 해외현장체험학습 참가 학생 및 학부모
4. 내용: 1) 2023학년도 1,2학기 국제교류 수업 진행 현황 안내
   2) 해외현장체험학습 일정 및 동선, 주의사항 안내
   3) 학생 · 학부모 해외현장체험학습 관련 질의응답

2023. 9. 6.

초 저 초 등 학 교 장

절취선

뉴질랜드 국제교류 수업 해외현장체험학습 설명회 참가 희망 신청서

<table>
<tr><th>학년</th><th>반</th><th>번호</th><th>학생 성명</th><th>참가희망</th></tr>
<tr><td></td><td></td><td></td><td>(인)</td><td rowspan="3"></td></tr>
<tr><th colspan="3">학부모 연락처</th><th>학부모 성명</th></tr>
<tr><td colspan="3"></td><td>(인)</td></tr>
</table>

사전설명회에는 해외현장체험학습을 가는 모든 학부모와 학생들이 참석했습니다. 사전 설명회는 학교장 인사말을 시작으로 온라인 국제교류 수업 진행 상황, 해외현장체험학습 안내, 기타 토의 및 질의응답 순으로 진행되었습니다. 온라인 국제교류 수업 진행 상황 순서에서는 제가 학부모들에게 국제교류의 목적부터 시작해서 어떤 방식으로 온라인 국제교류가 진행되었는지 설명했습니다. 1학기 때 진행했던 온라인 국제교류 수업에 대해 학부모님들에게 설명해 드린 이유는 학부모님들이 국제교류 수업에 대해 경험해보시지 않았기 때문에 국제교류 수업 연계 해외현장체험학습을 단순히 해외현장체험학습으로만 여기고 계시기 때문이었습니다. 교사로서 단순히 해외여행을 떠나는 것이 아니라 온라인을 통해 방문할 학교와 국제교류를 진행하고 실제 오프라인에서 만나 소통하며 세계시민성을 기르는 데 그 목적이 있음을 분명히 전달하고 싶었습니다.

사전설명회 온라인 국제교류 수업 진행 상황 안내

많은 학부모님이 국제교류 수업에 대해 자녀들에게 이야기만 듣다가 실제로 어떻게 진행했는지 교사인 저를 통해 설명을 듣고 나서 세계친구 M.E.E.T프로젝트를 온전히 이해하게 되었습니다. 특히나 우리 자녀들이 실제 국제교류를 진행한 영상을 시청하면서 자녀의 새로운 모습도 발견할 수 있었다고 이야기했습니다. 이 순서를 통해 학부모님들은 국제교류의 교육적 의미에 대해 확실히 이해할 수 있었고 해외현장체험학습도 단순히 현장체험학습이 아니라 국제교류 수업과 연계되어 세계시민성을 기른다는 뚜렷한 교육적 목적을 위해 해외현장체험학습을 떠난다는 사실을 깨달으셨습니다.

해외현장체험학습 안내는 우리 학교 해외현장체험학습 운영을 맡아주신 여행사 사장님께서 직접 해주셨습니다. 이 부분은 제가 적극적으로 여행사에 요청을 드렸습니다. 여행사가 선정되고 나서 저는 여행사 측에 사전 설명회 때 직접 와서 학생과 학부모 대상으로 해외현장체험학습 안내를 요청하였습니다. 전문가가 하는 것이 훨씬 더 유익하고 도움이 될 것으로 판단하였기 때문입니다. 선생님들도 만약 사전설명회를 하신다면 여행사 측에 꼭 이 부분은 요청하셔야 합니다. 실제로 이렇게 진행하니 여행사 측에서 중요한 안전 문제, 문화적인 부분 등을 상세하게 안내해주셔서 많은 도움이 되었습니다. 여행사 측에서 대략적인 안내와 안전 문제를 이야기해준 후 제가 세세한 일정과 그 일정들에서 발생할 수 있는 각각의 안전 문제들을 안내해 드렸습니다. 앞선 사전답사를 통해 찍었던 사진들을 구체적으로 예로 들어주며 설명해주었습니다. 예를 들어 마운트 쿡 케아 포인트에서는 길이 가파르고 돌이 많으니 안쪽으로 걷고 절대 친구를 밀거나 장난치면 안 된다고 학생들에게 지도했습니다. 이렇게 사전에 구체적인 사진을 통해 안전교육을 받았기 때문에 학생들은 실제로 그 장소에 가서도 안전하게 탐방을 진행할 수 있었습니다.

이후 제가 학생들이 해외현장체험학습 때 챙겨야 할 물품들을 안내해 드렸습니다. 단순히 안내에 그치지 않고 준비물 체크리스트를 만들어 학생들과 학부모들에게 배부하였습니다. 준비물 체크리스트는 필수품과 기호품으로 나눠 필수품은 꼭 챙겨올 수 있도록 당부하였습니다.

하지만 역시나 학생들과 학부모들에게 필수 준비물은 꼭 챙겨달라고 신신당부하였지만 챙겨오지 않은 학생들이 있었습니다. 특히 문제가 되었던 건 경량 패딩이었습니다. 몇몇 학부모들은 뉴질랜드 날씨가 한국 날씨와 반대라고 생각하여 경량 패딩을 챙겨주지 않았고 밀포드 사운드나 마운트 쿡 갈 때 추위를 떠는 학생들이 있었습니다. 따라서 저는 혹시나 그 학생들이 감기에 걸리지 않을까 노심초사하며 학생들의 건강을 챙겨야 했습니다. 한 학생이 감기에 걸리면 모든 학생이 감기에 걸리기 쉬우니까요. 지금 돌이켜 생각해보니 사전설명회 때 더욱 강력하게 학생들과 학부모들에게 필수품들은 꼭 챙겨오라고 이야기했어야 했습니다. 반

대로 이런 사전설명회 없이 안내장으로만 준비물, 유의 사항 등을 보냈을 때 더욱 미흡하게 준비되었을 것으로 생각합니다. 그래서 사전설명회는 필수라고 말씀드립니다.

뉴질랜드해외현장체험학습

준비물

필수!!

- [ ] 여권(교사 소지)
- [ ] 세면도구
- [ ] 작은 우산
- [ ] 운동화
- [ ] 모자, 썬크림(학교제공)
- [ ] 속옷 10벌 (빨래 안됨)
- [ ] 입은 옷 담을 비닐팩
- [ ] 여벌용 봄옷 4~5벌
- [ ] 학교 단체복
- [ ] 경량패딩 (평균기온 12도)
- [ ] 개인약
- [ ] 멀미용 비닐팩
- [ ] 여행용 소책자 (학교에서 준 것)
- [ ] 필기도구
- [ ] 이어폰
- [ ] 핸드폰, 충전기

있으면 좋은 것들

- [ ] 개인휴지, 물티슈
- [ ] 여벌 수건, 손수건
- [ ] 귀마개, 안대
- [ ] 읽을 책 1~2권
- [ ] 기다릴 동안 볼 동영상 (WIFI, 데이터 안될 경우)
- [ ] 보조배터리
- [ ] 뉴질랜드돈 10만원 미만 (공항 환전 안됨)
- [ ] 보조가방
- [ ] 목배개
- [ ]
- [ ]
- [ ]
- [ ]
- [ ]

준비물 체크리스트

4

해외현장체험학습, 진짜로 가요?

해외현장체험학습 출발을 하기 전 마지막으로 필수 짐들을 챙겼는지 확인해야 합니다. 여권은 학생들이 가져오는 것이 아닌 교사가 미리 다 걷어놓고 교사가 가지고 다니는 것을 추천합니다. 아무래도 초등학생들이다 보니 언제 어떻게 잃어버릴지 모릅니다.

우리 학교 같은 경우 인솔 교사 2명(남자), 국내 여행사 인솔 가이드 1명(여자), 뉴질랜드 현지 여행안내자(남자) 이렇게 인솔단이 구성되었습니다. 해외현장체험학습을 진행하실 때는 반드시 여행사의 인솔 가이드가 붙어야 합니다. 우리는 해외여행에 전문가가 아니기 때문에 해외에서 발생할 수 있는 다양한 상황에 대처하기 어렵습니다. 이럴 때 여행사인솔 가이드님에게 다양한 도움을 받을 수 있습니다. 교사들이 학생들 돌보기에도 벅찹니다.

해외현장체험학습 출발 사진

이때는 학생들을 이끌고 7박 8일 동안 해외를 돌아다닌다는 게 얼마나 힘든 일인지 미처 알지 못했습니다. 마치 영화 인터스텔라의 주인공이 과거의 자신을 말리는 모습이 오버랩됩니다. 지금 제가 과거의 저에게 말하고 싶습니다.

'거기서 도망쳐!'

사진에 나오는 것처럼 현수막을 하나 제작해가는 것을 추천합니다. 해외현장체험학습 장소마다 현수막을 들고 단체 사진을 찍으면 훨씬 더 좋은 사진을 얻을 수 있습니다. 공무원은 문서로 일한다고 하죠. 해외현장체험학습을 마치고 많은 보고서를 작성할 때 이런 사진들이 큰 도움이 됩니다.

공항버스에서 내리자마자 큰일이 있었습니다. 한 학생이 버스에 핸드폰을 두고 내렸습니다. 비행키 티켓을 발권하는 와중에 발견한 사실이었습니다. 학생이 핸드폰을 잃어버린 사실을 인지한 즉시 저는 타고 온 버스 기사님에게 연락드렸습니다. 다행히 공항에 대기 중이셔서 핸드폰을 찾을 수 있었습니다. 이처럼 학생들에게 끊임없이 물건을 잘 챙기도록 주의를 시키어도 초등학생들의 경우 많은 실수를 하게 됩니다. 이런 경우를 대비하여 본인이 잃어버린 물건은 본인 책임이라는 것을 명확하게 학부모와 학생에게 지도해야 합니다. 그렇지 않으면 학부모들이나 학생들이 예기치 못한 상황이 발생하였을 경우 교사의 책임으로 전가할 수 있기 때문입니다.

공항 티켓팅과 출국수속은 여행사 가이드 분께서 진행해주셔서 큰 어려움이 없었습니다. 비행기에 탑승하고 학생들 대부분은 비행기에 처음 타니 설레는 마음 반, 긴장한 마음 반의 모습이었습니다. 타기 전 학생들이 비행기에서 많이 떠들거나 예의를 지키지 않으면 어떻게 할까 라는 걱정을 많이 했습니다. 그렇지만 걱정과 달리 학생들은 긴장을 유지한 채로 비행기에서 큰 소란 없이 지냈습니다.

에어뉴질랜드의 경우 스크린에 영화, 게임, 실시간 이동현황 등 다양

한 활동을 할 수 있도록 서비스를 제공하였습니다. 영화도 엘리멘탈이 나올 정도로 최신영화도 들어가 있어 학생들이 10시간이 넘는 긴 비행 내내 지루함 없이 지낼 수 있었습니다. 스크린이 없었다면 학생들이 많이 떠들었을 것 같은데 스크린에서 제공하는 다양한 활동을 하느라 친구와 이야기할 시간이 없었던 것 같습니다.

비행기에 탑승하기 전 학교에서는 비행기에서의 예절과 화장실 이용 방법을 교육했습니다. 화장실 같은 경우 문을 어떻게 잠그고, 볼일을 본 다음 어떤 버튼을 눌러야 하는지까지 세세하게 안내했습니다. 그래서 그런지 학생들이 비행기에서 화장실을 이용하는 것에 큰 어려움을 겪지 않았습니다. 그리고 개인적으로 비행기 안에서는 목베개가 오히려 불편하였습니다. 학생들이 목베개를 짐처럼 가지고 다니는 경우가 많아 처음부터 비행기에 탑승할 때는 목베개를 수화물에 붙이는 것을 추천합니다. 아니면 처음부터 목베개를 챙기지 않는 것을 추천해 드립니다.

장거리 비행을 마치고 뉴질랜드 퀸스타운의 숙소에 들어선 우리 학생들은 깜짝 놀랐습니다. 숙소가 너무 좋았기 때문입니다. 제가 사전답사를 진행할 때 학생들의 안전과 활동할 수 있는 공간을 고려한 숙소를 보았고 그대로 진행되어 좋은 숙소에서 지낼 수 있었습니다.

숙소를 집 한 채를 빌렸기 때문에 학생들 13명과 교사 2명이 자기에 충분했습니다. 하루 일정이 끝나고 모여서 하루북 작성을 시키거나, 학생들 안전교육을 할 때도 너무나 편했습니다. 이런 식으로 객실이 따로 정해져 있는 숙소가 아닌 교사와 학생들이 함께 지낼 수 있는 숙소를 잡는 것도 추천해 드립니다. 다만 교사가 너무 힘들 수 있긴 합니다. 아이들과 분리가 안 됩니다. 24시간 내내 학생들과 붙어 있어야 한다는 장점? 이 존재합니다.

5

—

촌놈들의 뉴질랜드 생존기

아침에 숙소에서 볼 수 있는 퀸스타운의 전경입니다. 이 전경을 볼 때 해외현장체험학습을 오길 잘했다는 생각이 듭니다. 여러분들도 도전해 보시죠!

퀸스타운 숙소에서 본 뉴질랜드 호수 풍경

뉴질랜드 1일 차

시간	일정
08:00~09:00	· 숙소 조식(호텔 조식) 후 스카이라인으로 이동
09:00~12:00	· 곤돌라 탑승하여 봅스힐 전망대 도착 · 스카이 라인루지 3회 탑승 · 리마커블 산과 퀸스타운 전경 감상
12:00~13:00	· 중식(현지식, 퍼거버거)
13:00~17:00	· 와카티푸 호수 전경 감상 · 퀸스타운 시내 미션활동
17:00~19:00	· 석식 후 숙소로 이동
19:00~21:00	· 숙소 휴식 및 하루북(보고서) 작성
21:00~22:00	· 자유 시간
22:00 ~	· 취침

단체복 입고 와카티푸 호수에서 찰칵!

루지를 타려고 기다리는 모습

이런 풍경을 보면서 루지라니….
너희들 복을 받은 줄은 아니?!

처음 루지를 타고
긴장한 학생들의 모습입니다.

퀸스타운에서 모둠별 미션 수행 중

맛있는 간식도 냠냠!

사진을 보면 학생들이 단체바람막이를 입고 있는 것을 볼 수 있습니다. 일부로 노란색으로 단체복을 맞춰 어디서든 우리 학생들을 찾을 수 있도록 하였습니다. 1벌 당 8만 원 정도 들었고 이 또한 국제교류 운영예산에서 집행했습니다. 다만 빨래를 하지 못하니 학생들의 단체복이 마지막 날에는 거의 걸레짝이 되더라고요. 가장 깔끔했던 모습을 사진으로 보여드립니다.

사진에서 보시는 것처럼 학생들이 한국에서는 볼 수 없는 풍경과 경험을 해외현장체험학습에 와서 경험하고 있습니다. 이미 3일 차라 교사의 몸과 마음이 매우 힘들지만 그래도 학생들이 좋아하는 모습을 보니 뿌듯한 마음을 숨길 수가 없었습니다.

해외문화탐방을 진행하면서 우리는 학생 13명을 3개 모둠으로 나눠 서로 모둠원끼리 같이 다니도록 했습니다. 모둠원끼리 서로의 위치를 항상 파악해서 인솔 교사에게 보고할 수 있도록 했습니다. 한 명의 인솔 교사는 가장 맨 앞에서 학생들을 인솔하고 다른 한 명의 인솔 교사는 맨 끝에서 뒤처지는 학생들을 챙기면서 해외문화탐방을 진행했습니다. 막상 해외에 나가서 돌아다녀 보니 학생들이 한국에서처럼 튀는 행동을 하거나 갑자기 혼자 어디로 가는 상황은 발생하지 않았습니다. 아마 학생들도 해외가 처음이기도 하고 혼자 이상행동을 하면 문제가 크게 발생할 수 있다는 것을 충분히 고려하는 것 같습니다.

3개의 모둠으로 나눠 오후에는 퀸스타운 시내에서 모둠 임무를 수행하도록 하였습니다.

미션 1 '거대 키위 새와 함께 조별 사진을 찍으세요.' → 달성!

미션 2 '와카티푸의 오리들과 함께 퀸스타운의 풍경이 보이도록 조별 사진을 찍으세요.' → 달성!

미션 3 '위의 장소를 찾아가서 앞에서 조별 사진을 찍고, 쿠키 3개를 사서 조원들과 맛보세요!' → 달성!

이러한 모둠 임무의 장점은 다음과 같습니다. 첫 번째로 학생들이 교사가 제시한 문제를 해결하는 과정에서 학생들은 다양한 경험을 할 수 있습니다. 우리 학생들은 이 과정에서 외국인에게 물어보기, 인터넷을 활용하기, 통역 앱을 활용하기 등 다양한 방법으로 문제를 해결하는 방법을 스스로 익힐 수 있습니다. 두 번째 문제를 해결하는 과정에서 이 지역을 조금 더 자세히 관찰할 수 있습니다. 어쩌면 평생 다시 못 올 장소이기도 한 뉴질랜드 퀸스타운 시내를 구석구석 돌아다니며 교사에게 이끌려 다닐 때와는 다른 관점과 시선으로 다양한 것들을 볼 수 있습니다. 세 번째 이게 가장 중요한데요. 교사가 그래도 조금 쉴 수 있습니다. 교사는 가장 중앙에서 학생들이 미션을 해결하는 과정을 지켜보며 조금은 학생들에게 떨어져 숨 쉴 틈을 마련할 수 있습니다. 해외현장체험학습에서 교사는 학생들과 24시간 내내 붙어 있어야 합니다. 이러므로 교사의 컨디션 관리는 매우 중요합니다. 이렇게 미션을 주고 조금 학생들과 떨어지는 시간은 교사의 컨디션 관리에 매우 큰 역할을 할 수 있습니다. 물론 교사가 쉬는 곳은 학생들을 모두 볼 수 있는 장소여야 합니다. 모든 일정이 완료된 이후에 저녁 시간에 저는 자유 시간을 미끼로 학생들을 유혹하여 하루북 과제 작성과 오늘 현장체험학습 소감 이야기하기, 하루 반성하기 시간을 가질 수 있었습니다. 자유 시간에 대부분 학생이 핸드폰 게임을 많이 하더라고요. 핸드폰 게임을 할 수 있는 시간은 딱 모든 일정이 마무리된 자유 시간으로 정했습니다. 자유 시간을 준다는 말에 학생들은 열심히 주어진 과제를 수행하더라고요! 뉴질랜드까지 와서 핸드폰 게임을 하고 싶어 하는 우리 학생들을 보며 속으로 '이것들아!' 이런 생각도 들었지만, 한편으로는 이것을 미끼로 학생들을 문제없이 지도할 수 있었습니다.

뉴질랜드 2일 차

시간	일정
07:00~08:00	· 숙소 조식 후 밀포드 사운드로 이동
08:00~12:00	· 테아나우 경유하여 피요르드 랜드 국립공원 진입 · 이글링톤 밸리, 거울호수, 호머 터널 · 밀포드사운드 선상 유람선 탐승
12:00~13:00	· 선상 중식
13:00~14:00	· 유람선 위에서 마이터 피크, 스털링 폭포 감상
14:00~18:00	· 밀포드 사운드에서 숙소로 이동
19:00~21:00	· 석식 · 숙소 휴식 및 하루북(보고서) 작성
21:00~22:00	· 자유 시간
22:00 ~	· 취침

2일 차에는 밀포드 사운드를 방문했습니다. 밀포드 사운드는 뉴질랜드의 대표적인 관광지로 피오르가 펼쳐진 장소입니다. 너무 기대되었지만, 이곳에 도착하기 위해서는 버스를 오래 타야 했습니다. 따라서 미리 학생들에게 아침을 가볍게 먹도록 지도했습니다. 또한 멀미약을 출발하기 전에 모든 학생에게 먹도록 지도했습니다. 덕분에 8시간이 넘는 이동시간 동안 멀미하거나 힘들어한 학생은 없었습니다. 다만 경량 패딩을 챙겨오지 않은 학생들은 날씨가 추워서 고생을 많이 했습니다. 경량 패딩을 챙겨오지 않은 학생들이 혹시나 감기에 걸리지 않을까 제 옷과 가이드님을 뺏어서? 학생들에게 입혀주기도 했습니다. 저의 노력을 학생들이 알까요…?

'사실 선생님도 엄청 추웠단다. 가이드님은 무슨 죄니?'

패딩을 가져오라고 했잖아ㅠㅠ

밀포드 사운드에서 찰칵!

밀포드 사운드의 전경은 너무나 멋졌습니다. 학생들은 한국에서 보지 못했던 다양한 자연환경을 살펴보며 세계는 넓고 생태환경은 다양하다는 것을 체험할 수 있었습니다. 긴 이동시간에 불평 없이 잘 견뎌준 우리 학생들에게 고마운 마음도 들었습니다.

뉴질랜드 3일 차

시간	일정
07:00~08:00	· 숙소 조식(호텔 조식)
08:00~12:00	· 옥색의 푸카키 호수를 따라 뉴질랜드 최고봉 마운트 쿡 (3,724m)으로 이동
12:00~13:00	· 마운트 쿡 근처 식당에서 중식(현지식)
13:00~15:00	· 3천 미터 급 산들의 빙하와 만년설을 바라보며 케이 포인트 트랙 등반하기
15:00~17:00	· 테 카포 호수로 이동
17:00~18:00	· 테 카포 호수 근처 식당에서 석식
18:00~19:30	· 테 카포 호수 주변에서 모둠별 미션활동 진행
19:30~20:30	· 하루북 작성
20:30~21:00	· 학생 자유 시간
21:00 ~	· 취침

뉴질랜드 셋째 날 일정은 마운트 쿡을 방문하여 뉴질랜드의 다양한 식생을 관찰하고 자연환경을 탐방하는 시간이었습니다. 오늘 역시 장기간 이동이 필요하였기 때문에 아침 후 학생들 전원 어린이 멀미약을 먹도록 했습니다. 멀미약의 효과로 인해 멀미하는 학생들은 한 명도 나오지 않았습니다. 해외현장체험학습의 경우 이동시간이 길어서 학생 1인당 하루 1개의 멀미약을 먹을 수 있도록 챙겨 가시는 것을 추천해 드립니다. 학생들이 멀미해서 구토하게 된다면 해외현장체험학습의 원활한 진행이 어렵습니다.

단순히 관광이 아니라 핸드폰을 이용해서 장소마다 사진을 찍고 그 사진에다 소감을 적는 활동을 진행하였습니다. 활용한 에듀테크는 하루북이었습니다. 하루북은 학생들이 스스로 문화탐방 기행기를 작성하는 데 편리한 에듀테크입니다. 강추합니다!

마운트 쿡 가는 길에 한 장

초처 반지원정대!

해외현장체험학습을 진행하다 보면 학생들이 예민해지는 상황이 많이 발생합니다. 학생들은 단체 생활에 익숙하지 않고 특히 해외이다 보니 많은 게 낯설어 예민하고 화를 많이 내게 됩니다. 그래서 인솔 교사는 아침마다 학생들에게 배려의 중요성과 단체 생활할 때 지켜야 할 수칙들을 계속해서 지도하는 것이 필요합니다. 그렇지 않다면 학생들이 서로 싸우고 갈등이 생기는 경우가 생길 수 있습니다. 갈등이 생기면 제가 집으로 보내버린다고 혼내기도 했습니다. 물론 어떻게 보낼지는 생각하지 않았습니다. 선생님 마음 알지?

테 카포 호수에 도착해서 3모둠으로 다시 조별 활동 미션을 주었습니다.

〈테 카포 호수 두 배로 즐기기!〉

구글맵과 파파고를 활용하여 미션을 해결하세요~!

1. 선한 양치기 교회 배경으로 단체 사진 찍기(필수)
2. 테 카포 호수의 오리들과 사진 찍기(선택)
3. 테 카포 트리 찾아서 사진 찍기(선택)
4. 테 카포 호수 뒤 멋진 산이 보이도록 단체 사진 찍기(선택)
5. 테 카포 놀이터 찾아서 그네 타는 사진 찍기(선택)

미션 1 '테 카포 트리 찾아서 사진 찍기'→ 달성!

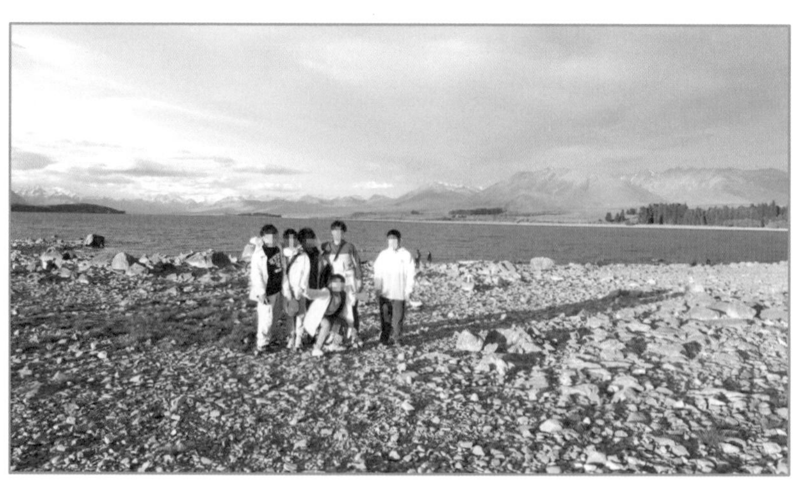

미션 2 '테 카포 호수 뒤 멋진 산이 보이도록 조별 사진을 찍으세요.' → 달성!

뉴질랜드 4일 차

시간	일정
08:00~09:00	· 숙소 조식(호텔 조식)
08:00~12:00	· 크라이스트처치로 이동 · 번지점프 명소 방문 · 이동과정에서 중식으로 현지 빵과 음료 구입
12:00~13:00	· 남극센터에서 구입한 빵과 음료로 중식 식사
13:00~15:00	· 크라이스트처치 남극센터 체험
15:00~17:00	· 헤글리 공원 내 보타닉 가든 방문 · 보타닉 가든에서 미션활동
17:00~18:00	· 한국으로 구성된 석식
18:00~20:00	· 국제교류 수업 준비(문화공연, 영어 회화 공부, 예절)
19:30~20:30	· 하루북 작성
20:30~21:00	· 학생 자유 시간
21:00 ~	· 취침

뉴질랜드에 도착 후 4일 차에는 테 카포 호수에서 크라이스트처치로 이동하여 남극센터와 헤글리공원 내에 있는 보타닉 가든을 방문했습니다.

테 카포 호수에서 크라이스트처치로 이동하는 과정에서 번지점프가 최초로 시행된 곳에 방문했습니다. 사실 저는 제가 번지점프를 하는 모습을 학생들에게 보여주고 싶었지만, 비용이 20만 원이나 들어서 포기했습니다. 물가가 너무 비싸요. 그래서 번지점프를 직접 하지는 않고 번지점프를 하는 것을 보며 본인이 만약 번지점프를 한다면 어떤 기분일지 하루북에 느낌을 써보라는 과제를 주었습니다. 이를 통해 학생들이 단순히 바라보는 것이 아닌 번지점프를 하는 사람들을 보면서 감정이입을 하게 되어 탐방에 더욱 흥미를 높였습니다.

크라이스트처치에 도착 후 바로 남극센터로 이동하였습니다. 남극센터는 남극의 환경을 간접 체험할 수 있었고, 남극에서 사용하는 이동 수단을 탈 수 있었습니다. 학생들에게 사전에 이동 수단에 대한 어떤 정보도 주지 않았기 때문에 오르락내리락하는 이동 수단에 굉장히 놀라고 재미있어했습니다. 그리고 펭귄을 가까이서 직접 볼 수 있는 기회를 가질 수 있었습니다. 학생들은 남극을 공부할 수 있었고 남극 연구원 직업에 대한 이해도 할 수 있는 기회를 얻게 되었습니다.

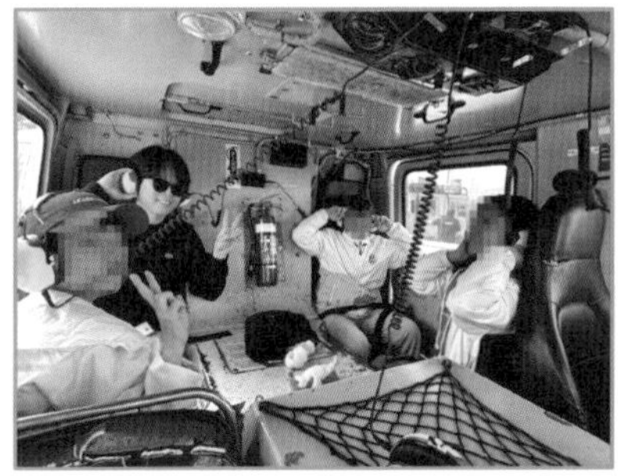

남극센터 이동 수단 체험 남극센터 정문에서 찰칵!

남극 환경 체험

미션 1 '거대 장미를 찾아 조별로 사진 찍기 → 달성!

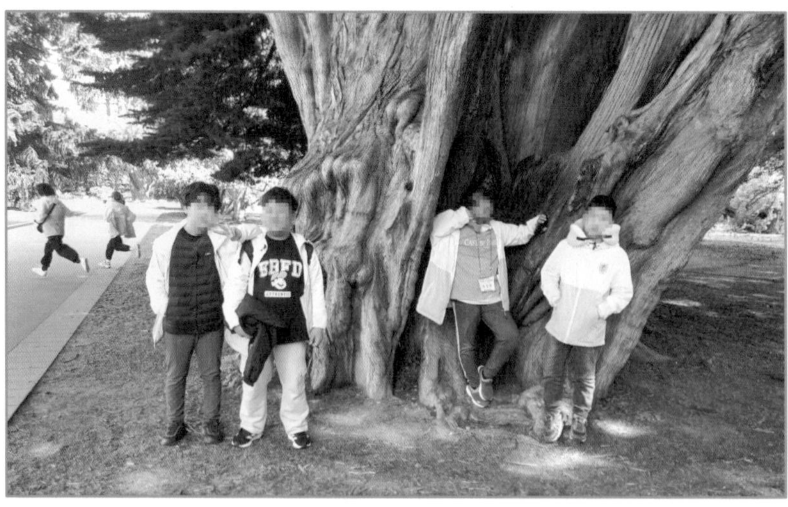

미션 5 '가장 큰 나무를 찾아 배경으로 사진 찍기' → 달성!

다음으로 방문한 장소인 헤글리공원은 크라이스트처치에 있는 대표적인 관광지입니다. 학생들은 이 장소에서 뉴질랜드의 다양한 식생을 눈으로 직접 보면서 생태 감수성을 높일 수 있었습니다.

헤글리공원의 보타닉가든에서도 어김없이 모둠별 미션을 진행했습니다. 학생들이 한국에서는 보지 못했던 다양한 생태환경에 신기해하고 놀라기도 했습니다.

6

우리는 모두 친구, 국제교류 수업

뉴질랜드 5일 차는 대망의 뉴질랜드의 학교에 방문하여 국제교류 수업을 진행하는 날입니다.

뉴질랜드 학교선정은 사진 답사 때 인솔 교사와 유학사가 같이 두 군데의 학교와 접촉을 시도하였고 그중 한 군데가 응답을 해줘서 진행할 수 있었습니다. 우리가 요구한 조건은 3회 이상의 실시간 온라인 국제교류 수업과 1회의 오프라인 국제교류 수업이었습니다. 뉴질랜드 학교에서 요구한 조건은 여행사에는 유학생 유치, 그리고 약간의 수업 비용을 요구했습니다. 여기서 발생한 경비 역시 도교육청에서 지원하였습니다.

뉴질랜드 5일 차

시간	일정
07:30~08:30	· 숙소 조식(한식)
08:30~09:00	· Chisnal wood intermediate school로 이동
09:00~10:00	· 1교시: 뉴질랜드 환영 인사 및 환영 공연 초처초 답가 및 문화공연
10:10~11:00	· 2교시: 뉴질랜드 학생들과 전통미술 수업
11:10~12:00	· 3교시: 뉴질랜드 학생들과 전통음악 수업
12:00~13:00	· 도시락을 통한 점심 식사
13:00~14:00	· 4교시: 뉴질랜드 학생들과 체육수업
14:00~15:00	· 5교시: 뉴질랜드 학생들과 학교 둘러보기
15:00~17:00	· 숙소 이동 및 방과 후 휴식
17:00~18:00	· 한식 석식
18:00~20:00	· 국제교류 수업 소감 이야기하기 · 국제교류 수업 하루북 작성하기 · 뉴질랜드 해외현장체험학습 소감 이야기하기 · 미리 짐 챙기기
20:00~22:00	· 마지막 날이니 특별히 자유 시간과 과자 파티!
22:00 ~	· 취침

사실 오늘이 해외현장체험학습에서 가장 중요한 날이었습니다. 초처초등학교 학생들은 온라인 수업에서 봤었던 친구들을 실제로 만나 서로 말은 안 통하지만 다양한 방식으로 의사소통하며 수업을 받는 것에 굉장히 재미있어했습니다. 이 과정에서 학생들은 자신들도 모르게 문화 다양성과 세계시민성이 높아졌을 것이라 확신합니다.

처음 학생들을 만났는데 환영 인사를 마오리족 전통 방식으로 해주셨습니다. 입구에서 하카 춤으로 환영해주시고 학교 별관에서 마오리족 환영 노래를 불러주셨습니다.

뉴질랜드 학생들의 환영 인사

초처초 학생들의 아리랑 답가

2교시: 뉴질랜드 전통미술 수업

이렇게 환영식을 마치고 우리와 온라인 실시간 국제교류 수업을 했던 교실로 들어가 본격적인 국제교류 수업을 진행했습니다. 2교시는 뉴질랜드 전통 문양 그리기 수업이었습니다. 뉴질랜드 담임 선생님께서 앞에서 간단히 수업의 개요를 설명해주셨습니다. 그리고 본격적인 수업은 뉴질랜드 학생들이 초처초 학생들에게 1:1로 붙어서 알려주는 또래 교수방식으로 진행되었습니다. 비록 언어는 통하지 않았지만 간단한 영어단어와 다양한 보디랭귀지로 충분히 학습 목표에 도달할 수 있었습니다. 그 과정에서 학생들은 언어가 통하지 않아도 다양한 친구들과 소통할 수 있음을 깨달았고 또한 영어의 중요성에 대해 거듭 깨닫게 되는 시간이었습니다.

3교시: 뉴질랜드 전통음악 수업

3교시는 뉴질랜드 전통음악을 우쿨렐레를 통해 배워보는 시간이었습니다. 우리 학교 학생들은 방과 후에 오카리나와 바이올린을 하면서 여러 악기를 잘 다룰 수 있습니다. 그래서 우쿨렐레도 어렵지 않게 다룰 수 있다는 정보를 드려서 다음과 같은 수업을 준비해주셨습니다. 학생들이 쉽게 따라 하지 못하는 부분은 뉴질랜드 학생들이 직접 우리 학생들을 알려주며 수업이 진행되었고 어렵지 않은 멜로디를 같이 연주할 수 있었습니다.

4교시는 학생들이 가장 좋아했던 체육 활동 시간이었습니다. 처음 몸풀기로 우리나라의 얼음 땡 같은 놀이를 준비해주셨습니다.

준비운동 - 뉴질랜드의 얼음 땡 놀이!

뉴질랜드 학생들과 우리 학생들이 서로 얼음 땡을 하는 모습을 보며 저는 개인적으로 판타지스럽다라는 생각이 문득 들었습니다. 이게 가능한 일인가? 제 인생에서 뉴질랜드는 처음이었고 첫 국제교류사업을 진행했었고, 해외현장체험학습 인솔도 처음이었습니다. 문득 이 사업을 추진하면서 했던 고생들과 막막함, 주말에도 나와서 계획을 짰던 제 모습들이 주마등처럼 지나가면서 이런 많은 고생에도 불구하고 우리 학교 학생들이 여기서 뉴질랜드 친구들과 어울리며 수업하는 모습을 보니 모든 것을 보상받는 기분이었습니다. 우리 학생들은 국제교류의 경험을 통해 자라면서 모든 선택의 순간에 그것이 무엇이든 조금 더 넓은 생각과 관점을 반영할 수 있으리라 생각합니다. 아직도 이 순간 들었던 감정이 생생합니다.

준비운동을 마치고 Dodge Ball 게임을 했습니다. 뉴질랜드 학생 2명이 나와서 영어로 설명하는데 우리 친구들은 잘 알아듣지 못하였으나

"애들아, 피구와 비슷한 게임이야."

라고 제가 번역해준 순간 애들 눈에는 설명하는 친구들의 동작과 말이 이해되는 듯한 모습을 보였습니다. 역시 피구는 전 세계 학생들의 인기 있는 스포츠가 맞는 것 같습니다.

학생들의 설명을 듣고 본격적으로 피구 경기를 시작했습니다. 한국의 피구 경기와는 약간 달랐지만 한번 해보니 학생들이 바로 이해했습니다.

Dodge Ball 설명 중 – 얘들아, 알아듣고 있지???

4교시: 뉴질랜드 체육수업, Playing Dodge Ball

5교시 학교 둘러보기: 얘들아 말썽 피우면 안 된다ㅠ

5교시는 인솔 교사들 없이 뉴질랜드 친구들이 우리 학생들에게 본인들의 학교를 소개해주는 시간을 가졌습니다. 선생님 없이 뉴질랜드 학교를 탐방하는 것을 학생들이 두려워할 줄 알았는데 너무 재미있어했습니다. 서툰 영어로 다른 학생들에게 인사도 하고 금세 친해지는 모습을 멀리서 보았습니다. 너무 흐뭇했습니다. 이 순간도 참 보람찼습니다. 이래서 교사하지요!

우리 학교와는 많이 다른 뉴질랜드의 학교 건물들과 구조에 학생들이 많은 관심을 가졌습니다. 이렇게 해서 5교시에 걸친 뉴질랜드 학교와의 오프라인 국제교류 수업도 잘 마치게 되었습니다.

아이들은 이 순간을 어떻게 기억할까요? 저는 아직도 그때의 기억이 생생합니다. 그리고 국제교류 수업 연계 해외현장체험학습 프로젝트를 진행하고 있었던 많은 고생은 다 잊어버리고 내년에도 국제교류 수업을 진행하고자 준비하고 있습니다. 그 이유는 이제 더 이상 두려움이 없기 때문입니다. 저는 온전히 이 일을 추진해보았고, 이제는 말이 통하지 않는 외국 사람들과 일을 추진하기에도 어려움은 있을지언정 그것이 불가능하다는 생각이 들지 않습니다. 그리고 이 프로젝트를 진행하며 학생들이 성장하는 모습들이 눈에 보였기에 더욱 국제교류 수업을 지속하고 싶은 마음이 들었습니다. 학생들도 저와 같은 마음일 것입니다. 우리 학생들이 훗날 세계적으로 일할 기회가 생겼을 때 저처럼 자신감 있게 무슨 일에도 임할 것이라 저는 믿습니다.

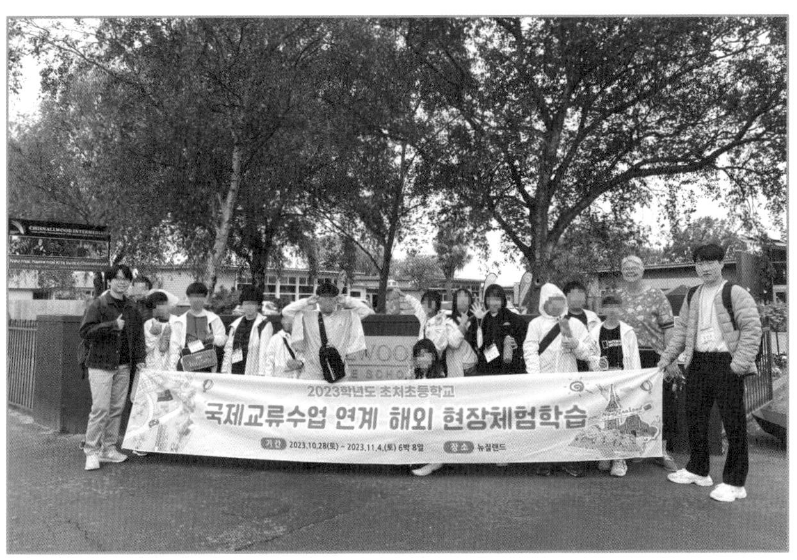

국제교류 수업 연계 해외현장체험학습 끝!!!!

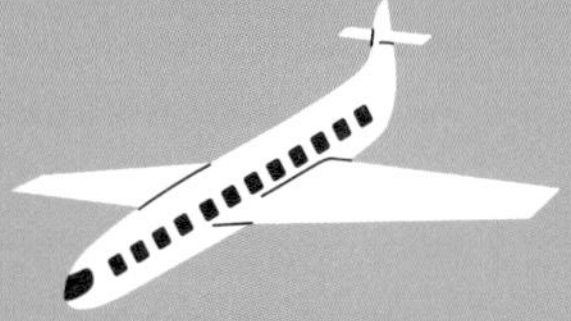

수업을 마치며

국제교류 수업의 마침표

1

음악 수업으로 마지막을 장식하다!

국제교류 수업을 마무리하는 방법에는 여러 가지가 있지만, 음악 수업을 활용했던 제 사례를 소개해드리고자 합니다. 특히 이번 수업에서는 한국 학생들이 말레이시아의 전통 노래를 배워보는 것을 수업 주제로 하고, 부주제로 우리나라의 노래를 선물해 주는 시간을 갖기로 했습니다. 수업 전 활동으로는 각국의 전통악기 소개 PPT를 공유하여 학생들에게 각 학급에서 지도하기로 했습니다. 대략적인 수업의 흐름은 다음과 같습니다.

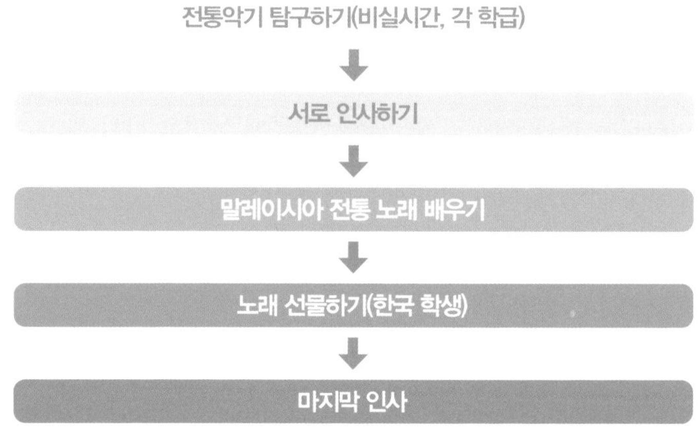

저희 학급은 자원을 받아 대표 학생 4명이 전통악기 소개 PPT를 Canva(캔바)를 활용하여 제작했습니다. 말레이시아 학교는 선생님께서 제작하여 보내주셨습니다. 실시간 온라인 교류 전 각 PPT를 활용하여 전통 악기를 알아보는 시간을 가졌습니다.

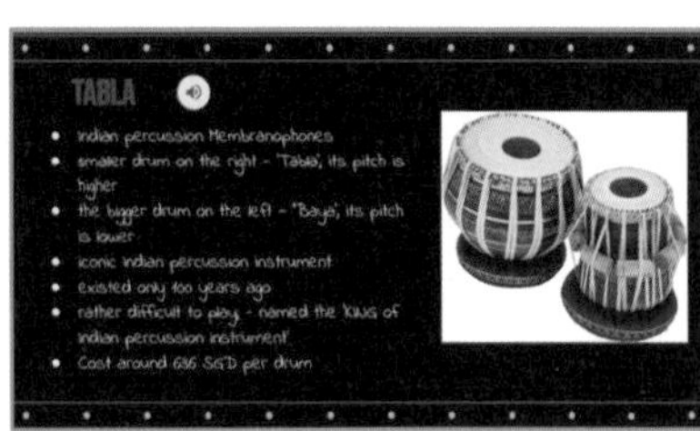

한국과 말레이시아 전통악기 소개

실시간 수업에서는 말레이시아 선생님의 주도하에 말레이시아의 전통 동요(Wau Bulan, Moon shaped kite)를 함께 배워보는 시간을 가졌습니다. 사실 학생들이 조금 어려워할 것 같아서 수업 전에 말레이시아 선생님께서 보내주신 PPT를 활용하며 3~4번 정도 반복해서 들은 후에 수업에 참여하도록 했는데, 미리 연습해둔 덕분에 어려움 없이 따라 부르는 모습이 인상적이었습니다. 이후에는 저희 반 학생들이 준비한 '나무의 노래' 동요를 선물했습니다. 마지막으로 서로 인사를 나누며 수업을 마쳤습니다.

국제교류 수업에서 음악 교과를 선택하는 것은 '가능할까?' 하고 고민하게 만드는 수업이었습니다. 하지만 자칫 어색하고 슬플 수 있는 마지막 수업을 즐겁게 웃으면서 마무리할 수 있었습니다. 함께 노래를 부르며 웃고, 서로 손을 흔들며 나중을 기약할 수 있는 음악 수업을 마지막 활동으로 추천합니다.

2

—

1년의 마무리, 인증서 수료식

저희 학급에서는 마지막 활동으로 인증서 수료식을 했습니다. APEC 국제교육협력원에서 감사하게도 국제교류 수업 인증서를 발급해주셔서 저희 반 학생들과 말레이시아 학생 모두에게 인증서를 선물해 줄 수 있었습니다. 1년간 함께한 국제교류 수업 영상을 제작해 학생들과 시청하고, 소감을 나눈 뒤 한 명씩 차례로 앞으로 나와 인증서를 받았습니다. 학생들이 인증서를 받으며 가족과 친구들에게 자랑하겠다며 좋아했던 기억이 생생합니다. 수료식 행사를 통해서 학생들과 1년간의 국제교류 수업 여정을 의미 있게 마무리 지을 수 있었습니다.

수료증을 받고 기뻐하는 학생들

3

우리 이야기를 직접 책으로 만들어볼까?

학생들의 하루하루 일기를 모아 책으로 깔끔하게 펴낼 수 있는 인터넷 플랫폼이 정말 많아졌습니다. 교사가 따로 현장체험학습용 워크북을 만들지 않아도 된다는 장점뿐만 아니라 학생들이 찍은 사진과 글로 책 내용을 채웠기에 생동감도 넘칩니다. 국제교류 결과발표회에서 보니 초등 고학년 학생을 넘어 중 · 고등학생으로 갈수록 완성도 높은 여행기 책을 볼 수 있었습니다. 포토북을 제작하는 것보다 사진과 글이 함께 담긴 책을 만드는 것을 더 추천합니다.

해외현장체험학습 중에 학생들이 작성하여 완성한 여행책

4

—

생생한 사례 나눔,
국제교류 활동 부스 운영

이 사진들은 제가 속한 지역교육청에서 추진한 국제교류활동 결과발표회 운영 부스 사진입니다. 이러한 부스 준비를 통해 지난 활동을 정리할 수 있을 뿐만 아니라 여러 선생님들과 국제교류 활동에 대한 아이디어를 나눌 수 있습니다. 부스 물품은 학교간 협약서, 활동 사진 앨범, 학생 여행기, 각종 기사문 스크랩, 교류 영상을 담은 노트북이나 태블릿, 각종 컬처박스 물품 등으로 구성할 수 있습니다.

국제교류활동 부스 운영 모습

5

선생님들과 함께,
국제교류 활동 사례 나눔 발표

활동 사례 나눔 발표를 통해 국제교류 활동의 전체 흐름과 구체적인 이야기를 청자들과 교류할 수도 있습니다.

온라인 교류 수업 활동과 현장 방문의 생생한 장면을 공유할 수 있는 귀중한 자리입니다. 여러 학교들의 이야기를 들으며 다음 프로젝트 기획 아이디어를 모을 수도 있습니다.

사례 발표 모습

글을 마치며

운영소감

1

다문화 교육의 꽃, 국제교류 수업

전주전라초등학교
교사 이창근

현재의 초등학교 현장은 점점 다문화 가정의 비율이 늘어나고 있는 추세이고, 특히 제가 근무하고 있는 전라북도 지역은 그 비율이 아주 높은 편에 속합니다. 각 시도교육청은 각 시군에 거점 한국어 학급을 설치하여 외국인 학생들 또는 한국어 능력이 떨어지는 다문화 가정 학생들에게 일반 학급과 한국어 학급을 오가며 수업을 받을 수 있도록 지원하고 있고, 그 학습의 수는 해가 갈수록 더 늘어나고 있습니다.

그리고 학생들은 과거에 비해 개인주의적 성향을 띠며 친구 관계에서도 상호이해도가 떨어지고 교우관계 다툼이 잦아져 다년의 경력을 가진 교사들도 담임교사로 학생들을 지도하는 데에 큰 어려움을 겪는 일이 많아졌습니다.

이러한 초등학교 현장 상황에서 1년 간 긴 호흡으로 인도네시아 한 나라를 중심으로 하는 국제교류 활동은 학생들의 다문화 교육과 인성교육에 긍정적 영향을 주었다고 생각합니다.

제가 근무하고 있는 초등학교 학생들은 인도와 인도네시아를 구분하지 못할 정도로 인도네시아에 대한 지식과 관심이 없었는데, 이제는 관심도 높아졌을 뿐만 아니라 문화적 지식도 향상되었습니다.

하나의 낯선 나라에 마음을 완전히 마음을 열어본 경험은 학생들의 문화적 이해력을 증진시킬 수 있습니다. 아예 무관심하거나 이상하고 특이하다고만 생각이 들었던 나라의 문화를 호기심어린 눈으로 바라보고 즐거움으로 인식하는 경험으로 바꾼 학생들은 다른 새로운 문화를 만날 때에도 다양성을 존중하고 차이를 긍정적으로 받아들이는 태도를 보일 것입니다.

학생들은 다른 나라 학생들과의 온 · 오프라인 교류활동을 통해 문화적 다양성을 이해하고 개방적인 시각을 갖게 되어 국제적 관념과 협력능력을 향상시킬 수 있었습니다. 또한 현장체험학습을 통한 실제 경험은 학생들의 호기심과 학습 동기를 촉진시키는데 큰 역할을 하였습니다.

이러한 특별한 경험을 할 수 있는 국제교류 교육과정을 꼭 운영해보길 바랍니다.

2

—

즐거움에서 시작한 짧지만 긴 여정

전주○○초등학교
교사 강민희

국제교류 수업은 가까운 것 같기도, 참 먼 것처럼 느껴지기도 합니다. 저는 제 개인적인 즐거움을 위해 국제교류 수업을 시작했지만, 일 년간의 긴 여정 후 학생들과 함께 한 과정에 깊은 뿌듯함을 느낍니다.

저는 개인적으로 유학 경험이 있고, 이를 교직에 녹여보고자 끊임없는 노력을 해왔습니다. 많은 시간과 돈을 들인 유학 경험을 그저 휘발되도록 두고 싶지 않았기 때문이었을 것입니다. 그러던 도중 APEC국제교육협력원에서 운영하는 ALCoB 교사 프로그램을 접하게 되었고, 운이 좋게도 지원했던 해에 바로 합격하여 국제교류 수업을 알게 되었습니다. 교직에 들어선 뒤 우물 안 개구리가 되지 않기 위해 끊임없이 노력하던 저에게 국제교류는 교직에서의 자아성취를 위한 길이었습니다. 그렇게 시작한 국제교류 수업은 제가 가르쳤던 학급의 학생들과 영재원 학생들에게도 즐거운 추억과 도전의 성취를 맛보게 해주었다고 생각합니다.

학원과 공부에 치여 '어쩔 수 없이' 공부를 하던 아이들이 국제교류 수업의 과정에서 '영어를 더 열심히 배우고 싶다.', '다음 교류 때는 영어로 이런 말을 해보고 싶다.', '선생님, 말레이시아어로 이건 뭐예요?'라고 말하기 시작했습니다. 말레이시아에서 컬처박스가 도착했을 때 얼른 열어 보고 싶다며 반짝이던 눈들도 잊을 수 없습니다. 또, 국제교류 수업 중 교장선생님께서 교실에 직접 오셔서 중국어로 인사말을 해주실 때 아이들의 설레하는 얼굴들과, 모르는 말이라 어려울 텐데도 말레이시아 동요를 큰 소리로 부르는 모습까지 제 교직에서 잊을 수 없는 순간들이 될 것입니다.

학급 학생들 그리고 영재 학생들과 함께했던 국제교류 수업, 그리고 글로벌 캠프를 통해 저는 말레이시아, 태국, 인도네시아, 필리핀 등 여러 나라에 친구들을 만들 수 있었고 더는 우물 안 개구리 교사가 아님을 느낍니다. 저에게는 쳇바퀴처럼 굴러가는 것처럼 느껴졌던 학교생활에 활력을 불러일으키는 기회이기도 했습니다. 국제교류 수업을 하며 보낸 2023년은 제 교직 인생 중 가장 즐겁고 행복하게 일했던 기억이 될 것입니다.

어떤 이유든 좋습니다. 선생님께서 저처럼 우물 안 개구리가 되기 싫어서, 세계인과 소통하는 것이 즐거워서, 세계시민교육에 관심이 있어서, 또는 교직 생활에 새로운 활력이 필요해서 등 국제교류 수업을 선생님의 학급에서 실천할 좋은 이유들은 아주 많습니다. 그리고 선생님의 새로운 시도는 교실의 학생들에게도 끊임없는 성장과 동기부여의 기회가 될 것입니다. 많은 선생님들과 함께 국제교류 수업을 실천하고, 나눌 수 있는 기회가 많아졌으면 좋겠습니다.

3

교사와 학생 모두가 성장할 수 있었던 국제교류 수업

초처초등학교
교사 김민준

끝나지 않을 것 같던 국제교류 수업이 모두 끝이 났습니다. 처음 프로젝트를 맡고 영어도 잘하지 못하는 내가 어떻게 국제교류를 할 수 있을까? 생각이 들었던 기억이 떠오릅니다. 어려움이 있을 때 내가 학창 시절에 경험했던 국제교류의 경험을 떠올리며 자신감을 얻기도 했고, 그때 준비하셨던 선생님은 얼마나 힘드셨을까 20년이 지난 지금에서야 공감이 되기도 합니다. 저와 같이 프로젝트를 진행했던 학생들도 먼 훗날 그때 그 선생님은 무슨 배짱과 용기로 그 일을 추진하셨을까? 이렇게 공감하는 순간이 오지 않을까 생각이 듭니다.

처음 교류학교를 찾아다닐 때 막막함은 어느덧 이제는 어느 나라와도 국제교류 수업을 진행할 수 있겠다는 확신으로 바뀌었습니다. 영어 회화에 대한 두려움은 영어를 잘하지 않아도 국제교류를 할 수 있다는 자신감으로 변화하였습니다. 동시에 내가 만약 영어를 더욱더 유창하게 할 수 있다면 더욱 수업을 다채롭게 진행할 수 있지 않을까라는 아쉬움도 생겼습니다. 이는 저 자신의 자기 계발에도 큰 영향을 주었고 저는 이제 영어 회화 공부를 시작하게 되었습니다. 우리 학생들이 국제교류 수업을 통해 무엇을 느낄 수 있을까? 라는 물음표는 학생들의 전인적인 성장을 이끌 수 있다는 느낌표!로 바뀌었습니다. 우물 안 개구리였던 저 자신을 우물 밖으로 꺼내주는 일이었습니다. 학생들에게도 우물 밖 세상으로 뛰쳐나갈 계기를 만들어주었다고 확신합니다. 말레이시아, 뉴질랜드 선생님들과 협의회를 진행하고 교육에 관해 이야기하며 서로 농담도 주고받는 사이가 되었습니다.

처음 국제교류 수업을 맡았을 때에는 학생들의 영어 의사소통 능력을 길러주고자 했습니다. 하지만 국제교류 프로젝트의 모든 과정이 끝나고 뒤를 돌아보며 과정을 반추할 때 그보다 중요한 것은 학생들이 느낀 넓은 세상과 세상을 바라보는 관점의 변화였습니다. 정량적으로 평가할 수 없는 이 요소들은 학생들에게 공부를 해야 하는 계기를 마련했을 수도 있고, 진로를 결정했을 수 있고, 조금 더 친구를 배려할 수 있는 인성을 길러주었을 수 있습니다. 이에 비하면 향상된 영어 의사소통 능력은 부가적인 부분이었다고 생각이 듭니다.

지금 이 글을 읽고 계신 선생님께서도 한번 학생들과 작은 국제교류라도 시도해보시면 좋겠습니다. 예산이 많지 않아도 됩니다. 학교마다 있는 스마트기기와 열정만 가지고 있으면 어떤 형태의 국제교류도 진행할 수 있습니다. 꼭 방문하지 않으셔도 됩니다. 거창하지 않으셔도 됩니다. 국제교류를 통해 또 다른 교육의 세계를 경험해보시는 것을 꼭 추천 드립니다.